★全国幼儿教师培训用书

梦山书系

做一名有**进取心**的幼儿教师

幼儿教师专业成长故事50例

王 萍 ◎ 主编

海峡出版发行集团 | 福建教育出版社

图书在版编目（CIP）数据

做一名有进取心的幼儿教师：幼儿教师专业成长故事 50 例/王哼主编. —福州：福建教育出版社，2022.5
　　ISBN 978-7-5334-9305-9

　　Ⅰ. ①做… Ⅱ. ①王… Ⅲ. ①幼教人员－师资培养－案例 Ⅳ. ①G615

中国版本图书馆 CIP 数据核字（2022）第 037128 号

Zuo Yi Ming You Jinquxin De You'er Jiaoshi——You'er Jiaoshi Zhuanye Chengzhang Gushi 50 Li

做一名有进取心的幼儿教师——幼儿教师专业成长故事 50 例

王哼　主编

出版发行	福建教育出版社
	（福州市梦山路 27 号　邮编：350025　网址：www.fep.com.cn）
	编辑部电话：0591-83752790
	发行部电话：0591-83721876　87115073　010-62024258）
出 版 人	江金辉
印　　刷	福州万达印刷有限公司
	（福州市闽侯县荆溪镇徐家村 166-1 号厂房第三层　邮编：350101）
开　　本	710 毫米×1000 毫米　1/16
印　　张	12.5
字　　数	168 千字
插　　页	1
版　　次	2022 年 5 月第 1 版　2022 年 5 月第 1 次印刷
书　　号	ISBN 978-7-5334-9305-9
定　　价	32.00 元

如发现本书印装质量问题，请向本社出版科（电话：0591-83726019）调换

目录

新手型

入职焦虑和入园焦虑相互治愈 ……………………… 3
新手也能当好班主任 ………………………………… 7
"菜鸟"教师的成长攻略 …………………………… 10
我成了孩子王 ………………………………………… 13
肯定幼儿，大胆放手 ………………………………… 16
用爱丈量教育的宽度 ………………………………… 19
给幼儿一个精彩的童年 ……………………………… 22
"被迫"做了幼师后 ………………………………… 25
重新开始，一路坚守 ………………………………… 29

经验型

师傅领进门，修行在个人 …………………………… 35
成长中的变与不变 …………………………………… 38
感谢自己的坚持 ……………………………………… 41

用心当好班主任 ………………………………………… 45
常学常思 ………………………………………………… 49
不因惧怕而逃避 ………………………………………… 52
用心，让我与幼儿一同成长 …………………………… 56
新的角色，新的责任 …………………………………… 59
新环境，新挑战 ………………………………………… 62
不同的舞台，演绎同样的精彩 ………………………… 67
"空降"外地当班主任 …………………………………… 71
用心观察，用爱支持 …………………………………… 76
了解幼儿，帮助幼儿 …………………………………… 80
小脚丫走进幼儿园 ……………………………………… 84
呵护"在逃"公主 ………………………………………… 89
教育长河中的"源源活水" ……………………………… 93
一树又一树花开 ………………………………………… 97

学习型

美丽的坚持 ……………………………………………… 103
责任，让我在幼教之路乘风破浪 ……………………… 107
心静，行不止 …………………………………………… 111
不断追逐明天 …………………………………………… 114
用心感受教科研的魅力 ………………………………… 118
教而不研则浅，研而不教则空 ………………………… 121
在学思结合中提升专业水平 …………………………… 125
做研究型教师 …………………………………………… 130
探究幼儿 ………………………………………………… 134
以童趣引路 ……………………………………………… 138
追随幼儿脚步，做适宜的课程 ………………………… 142
与家长一起发现幼儿的力量 …………………………… 146

成长之旅，未来可期 ·············· 150
不在上，不在下，在一起 ············ 154
特殊时期，坚持学习 ·············· 159

其他

因为热爱，所以坚持 ·············· 165
计划在前，不断发展 ·············· 169
重拾昔日的自己 ················ 172
初心不改，逐梦幼教 ·············· 175
人生没有白走的路，每一步都算数 ······ 178
那一份执着，这一份触动 ············ 181
幼儿安全无小事 ················ 184
六块板的"七巧板" ·············· 187
追随幼儿，启发幼儿 ·············· 190

入职焦虑和入园焦虑相互治愈

作为一个职场新人，在经历了入职一个月的兴奋期后，我焦虑了。一想到每天入园要面对那么多孩子，心里有些忐忑，不知道自己应该怎么做。而新生入园，幼儿们的焦虑也不比我少，教室里的哭声经常此起彼伏……

本以为我的"入职焦虑"会和孩子们的"入园焦虑"，碰撞出惨不忍睹的"兵荒马乱"。可谁曾想，幼儿们和我竟在种种神奇力量的作用下相互"治愈"了。

幼儿入园第一天，我特别紧张。我还记得我穿着一条背带裤，等待的时候手都不知道该往哪儿放，总是时不时地拨弄一下背带，顺势调整一下呼吸。可一旦幼儿来了，我的注意力就都被他们吸引了，紧张的情绪化作了喋喋不休的追问。

"哇，宁宁，谁送你来的呀？"

"昊昊，早上吃了什么？"

"玲玲，今天有没有赖床？"

我猜孩子们一定觉得这位老师很奇怪。就拿宁宁来说吧，他不看我，只是一边听着我的"单口相声"，一边悄无声息地滴下眼泪。而我则继续着我的表演：

"小张老师今天是开车来的，小张老师刚学会开车，所以开得很慢……"

"小张老师今天早上吃了煎饺，是小张老师的妈妈做的。煎饺里面有肉和菜，我觉得特别好吃，我吃了六个，吃得很饱……"

我的嘴吧成为了我解压的有效工具。

和幼儿讲讲我的日常，戏说一些云淡风轻的生活片段，让我绷紧的神经有了一丝放松。没过几日，幼儿也有了回应，"单口相声"很快变成了"对口相声"。

"早上吃了什么啊？"我问宁宁。

"面条。"

"哇，小张老师超级喜欢吃面条，你吃的面条里面有什么啊？"

"鸡蛋……"

到了第二个星期，"对口相声"又变成了"群口相声"。

我把好几个幼儿一起接进门的时候，他们争先恐后地说道："今天是爷爷送我来的，但是妈妈会来接我。""今天我吃了粥，还有……"

这两个星期的早晨，我用声带的不断运作，换来了内心的从容，从之前焦躁不安的等待者变成了气定神闲的带班老师。当然，更重要的是幼儿感受到了我在持续输出的关心。幼儿和我之间相互信任、相互依赖的故事就这样开始了。

依然记得刚入园的前两个星期，每当到了餐点环节和午睡环节，班上就有几个幼儿嚎啕大哭。面对这个情况，"矫揉造作"的我原想在职业生涯伊始立好"稳重理性"的人设，但没想到把自己逼得太紧了，连晚上做梦都是乱糟糟的画面，总被惊醒。

一天午餐环节，我不知怎的突然想到了小时候很喜欢看的一个小品——《吃面》。然后就毫不犹豫地坐到了在啜泣的晨晨旁边，对着一整桌的小朋友说："我给大家表演一个节目《吃饭》。"然后我就开始了我的无实物表演，也许是我咀嚼空气的模样比较逗，幼儿们都笑了，晨晨也不哭了。

"那你们跟我一起表演吧！欢迎观看下一个节目，由小朋友们带来的《吃饭》。"包括晨晨在内的整桌小朋友都奇迹般地拿起了勺子，学我的模样，开始大口大口地吃起来。

这是我第一次感受到自己像是一个沉浸式的话剧演员。我很喜欢自己的表演，一旦进入角色，便心无旁骛。幼儿也爱看我扮演的各种角色——变身的铠甲勇士、出发救援的消防队长、游泳的美人鱼、买糕买糖的客人。

成年人把生活扮成游戏，幼儿把游戏当作生活。我发现，其实在一日生活的各个环节，我都可以创设情境，把幼儿抗拒的变成有趣的，把我害怕的变成我享受的。

做演员固然是好的，但有时角色切换得太过于频繁，难免会出现一点问题。比如暖暖哭着说的那句"小张老师，你怎么一会儿喜欢我，一会儿不喜欢我啊"，就让我反复咀嚼了好多天。

事情是这样的：暖暖刚入园的时候比较焦虑，会哭上整整一天。刚开始为了安抚她的情绪，我总是抱着她或牵着她的手。后来她虽然不哭了，但无论做什么事都要叫我在她身边，午餐环节跑开找我不下五次。这样下去怎么行！？于是我后来严肃地跟暖暖说："请你自己去吃饭好吗？"于是就有了暖暖的那句话。

她的话让我好好反省了一下之前对她的"宠"。在她午睡临睡前，我走到她身边轻声地说："小张老师很喜欢暖暖，生气不是因为不喜欢你了，而是因为你明明可以自己做好的事却没有做好。小张老师也不是不想陪你，因为我知道厉害的大姐姐都是自己的事情自己做的，老师知道暖暖也想成为一个厉害的大姐姐，对吗？"暖暖点点头。而后的每一天，暖暖都是独立吃饭，而且几乎每天都是光盘。

正所谓"直言不讳"，就是要不羞于把对幼儿的爱说出来，也不要怯于告知他们批评的缘由和对他们的期待。"情到深处"是两个独立的个体，爱不依附，爱不圈养。

秉承着对幼儿的关爱理念，我作为一名新手的入职焦虑，就这样与幼儿的入园焦虑相互治愈了。在以后相伴的日子里，我会与幼儿一起成长。

（浙江省海宁市实验幼儿园教育集团　张书辰）

新手也能当好班主任

我是一名刚入职半年的幼儿教师，我深深地知道当一名幼儿教师必须有超人的耐心和博大的胸怀。我是这样想的，也是这样做的。根据安排，踏上工作岗位的那一刻我便成为了中班的班主任，为此，我感到身负重任。

我们班一共32名幼儿，16名男孩，16名女孩。由于初次当班主任，内心十分茫然，我搜集了大量有关班主任具体工作的资料进行学习。与我一起搭班的张老师和李老师，他们是从事多年教育工作且经验丰富的教师，有赖于他们在我遇到困惑时给予的很多建议和帮助，才使我的班主任工作得以更顺利展开。

班主任既是班级工作的组织者，又是幼儿们的领导者和教育者，既担负着教育教学工作，又管理着幼儿日常所有琐碎事务；不仅是幼儿园教育精神的直接践行者，也是幼儿园教育工作的直接实施者。不同于其他行业，幼儿园班主任工作面对的是一个特殊的群体——一个个不谙世事却又天真活泼、朝气蓬勃的幼儿。要做好这份工作，不能单靠热情，还需要真诚的付出，需要心与心的交流……

很多新手教师最惧怕与家长沟通，因为面对层次不一、性格各异的家长，需要不同的沟通策略。与家长沟通是一门艺术，为了使家园工作顺利、有效地开展，我提前做了很多功课，以应对突发状况的发生，尽可能做到面面俱到。

首先，给自己找一个专业、高效、有系统性的学习平台。通过观看专家的直播，近距离与名师对话，学习专业的理论知识，了解前沿的幼教资讯，提升理念、获取教学方法，用理论指导实际工作。

观看直播后，利用微信群与群内老师相互交流，分享感悟，通过总结反思和思维碰撞，提高对幼儿教育和家庭教育的科学认识。撰写学习感悟，不仅有助于我梳理经验，调整思路、明确方法，也有助于理论顺利地转化到实际工作中。

其次，不定期举行亲子活动。刚开始，家长们对亲子活动关注度并不是很高。但经过多次的活动体验后，那些一起认真完成亲子活动的家长及幼儿都发生了很大的变化：幼儿自身的各个方面能力都有了很大的提高，这部分家长对幼儿成长路上的变化也更加关注。发现这个转变后，我及时组织所有家长召开了座谈会，把那些有意义的事例分享给大家。通过慢慢引导，家长们逐渐改变了观念，每次亲子活动大部分家长都会积极参与。

当然也会有个别家长配合度不够，比如瑜瑜的家长每次就需要教师再三催促才勉强完成活动。针对这样的情况，我和瑜瑜的家长进行了面对面的交流，让其意识到这样的行为对瑜瑜的成长非常不利；让家长进一步认识到，在瑜瑜成长路上，亲子陪伴及亲子游戏不仅可以增进亲子间的感情，也可以促进幼儿各个方面能力的发展。

又如，我们班的另一个实例梅梅。梅梅生长于一个单亲家庭，爸爸几乎不陪梅梅参加亲子活动。针对此事，我专门进行家访，了解到梅梅爸爸的文化水平较低，没有认识到亲子活动的重要性，平时主要是爷爷奶奶陪伴梅梅。

我和梅梅爸爸进行谈话，告诉其单亲家庭的孩子比常人更需要爱和陪伴，梅梅爸爸应付出更多的耐心和精力去陪伴孩子，而亲子活动就是一个很好的途径。梅梅爸爸反思了自己的做法，在对梅梅关注和互动方面有了很大的改观，而梅梅在幼儿园也变得更开朗活泼了。

丰富的亲子活动，让幼儿多了份乐趣，家长们也收获颇丰，不仅有理论上的充实满足，更有育儿实践的深刻体会。

另外，我每周也会和家长一起观看家庭教育的专家讲座。例如，有一次讲座中提到了做有趣家长的理由和方法。学习这些和我们的生活贴合紧密的内容，不仅进一步提高了家长的教育观念，也对我开展班主任工作有一定的帮助。通过一系列的学习，不仅让我明白了班主任工作的具体内容，更让我知道了工作开展的具体方法和方向，同时也让家长深入了解了幼儿发展所需。

一分耕耘一分收获，在自己不懈的努力和大家的帮助下，我班的班级工作已步入正轨。尽管工作的结果不一定总能尽善尽美，但我仍会尽心尽职地付出。我觉得，教师只要能够以爱心、细心、耐心、真心去面对工作，没有解决不了的问题。

今后，在工作中我会一步一个脚印，扎扎实实地落实每件事，更加努力和班级教师团结协作、务实创新，不断充实自己，使自己早日成为一名优秀的幼儿园班主任。

（山西省晋城市金村中心幼儿园　郭凯莉）

"菜鸟"教师的成长攻略

纯真的幼儿、青涩的教师,在共同成长的路上有笑有泪。这条路上,有着一件件暖心的事儿、一颗颗勇敢的心,让我坚持着、收获着。

从事幼教行业三年了,目前兼任着班主任和教研组长的工作。在每天一件件琐碎小事的坚持中,积累沉淀着。就这样由"菜鸟"教师的角色,不断总结成长,在反思中蜕变,逐渐成为园内骨干力量。

班主任工作:坚持事事认真,学会用心关爱

班主任在班级工作中起着带头的作用,要做好班级环境创设、常规管理、教育教学、各项档案归整等工作,这对于新手班主任是一项不小的挑战。

还记得刚工作时面对入园的"小哭包们",有些不知所措,我是左胳膊抱两个，右胳膊抱两个，腿上还要坐着好几个，仿佛自己要长出三头六臂才能来应对眼前这个场景。但和幼儿们接触更久后，再次面对这样的景象时，我开始试着去观察幼儿们的不同，根据哭泣的具体原因，一次次尝试用不同的方法安抚。

在这个观察、解决问题的过程里，我接收着每个幼儿的独有信息，与幼儿们的爱双向交流。与此同时，更多的了解，也让我慢慢学会了不同幼儿出现问题时的应对方法。

当教师用心去爱幼儿，幼儿甚至会回馈双倍的爱，家长们对此也感同身受。正因如此，我们的日常家长志愿者工作，家长们总是有序地进行着，一直坚持着。

在幼教工作中这些爱的收获，更加激发了我工作的动力和责任心，事事认真对待、有始有终。

教研组长工作：一步一脚印，挖掘成长点

担任教研组长已经一年了，由开始的被动和茫然，到逐渐学会"主动出击"，我对教研组长这份工作的认识也在不断地转变。通过教研组长的工作，我深深感受到每个班级看似独立，其实都是整体的一部分，相互有联结。同一个教研组来自不同班级的教师，大家在一起学习、探讨，不仅可以扩大个人的知识面，使自己有所提高，还能对整个年级组的各项工作起着链接的作用。

一年的教研组长经验积累并不算丰富，那么要如何保证每次的教研活动更科学、更专业，有所收获呢？我本着一步一个脚印的原则，不断挖掘成长点，哪怕是慢一点，也要与教师们一起专注、踏实、稳定地前进。

针对幼儿园刚开展的跑区活动，我们在教研活动前，一起先咨询了各班幼儿的意见，对幼儿的想法有选择地进行一个小的尝试。在教研活动中，根据平时对幼儿的观察，和各班级教师相互交流着各班幼儿在体育活动中跳、跑、平衡等方面能力的发展情况。

随后结合《3—6岁儿童学习与发展指南》中的相关要求和建议进行讨论，如：指南中关于各年龄段儿童的动作发展目标，班内幼儿达成情况如何；跑区中活动的各个环节，可以怎样设计；等等。提出这些问题后，在后面的第二次教研中就可以着重探讨这些问题的改善计划，思考把活动设计得有层次性，满足不同能力幼儿的需求。

每次的教研活动，我都坚持循序渐进，我坚信：当能力不足以一口气解决一大串问题时，对一个问题展开深入"攻克"，进行多次教研，一步一个脚印，定能稳步提升自身专业能力。

团队合作：分工合作，团结力量大

幼儿园的各项工作一直都是相互关联的，可以进行有效搭配，如同班教师之间的搭配、同年级之间的合作，不同级部之间的工作也可以有交集、合作。

在一次年级组主题区域研讨中，大家积极发言、集思广益，研讨结束后我梳理、归纳、整理出资料，共享给大家，有需要填充的内容及时补充，不足的地方及时改进。在众人共同维护下，材料越来越丰富，逐渐成为宝贵的经验财富，帮助大家在以后的工作中更有效率。

回顾走过的点点滴滴，有困难也有收获，我在不断学习、积累中，力求成长与进步，让自己变得更加有能力。

"菜鸟"教师的成长转变，一直未曾停歇。在以后的成长道路上，我将继续保持热情与期待，积极进取，不断挑战，以期羽翼既成之时，可以独当一面。

（山东省荣成市虎山镇中心幼儿园　蔡华荣）

我成了孩子王

耳边响起幼儿曾经唱的一首歌，一瞬间勾起了我无数的回忆。如今，我在幼儿园工作已有一年半的时间了。还记得来到幼儿园的第一天，园长把我安排到了中二班，我走进教室后，幼儿们看着我，我无意中听到他们的对话：这位新老师是谁？她是来干什么的？

我面带微笑，向他们向自我介绍："我是你们的邹老师，以后我教大家本领，带大家一起玩游戏啦！"

紧接着，我听到的便是幼儿们甜甜的嗓音："邹老师，您好！欢迎您！"

在当天接下来的活动中，我想把我会的全教给他们，一会儿带他们做手指操，一会儿玩集体游戏……

可是幼儿们并没有我想象的那么热情。他们遇到问题了，会去找原先的老师，有的哭、有的乱跑……

这一天过完,我的心情非常低落,脑子里想的只有幼儿们吵闹的画面。

第二天早上入园,我非常紧张,直到有一个小朋友来到了我的跟前,说:"早上好呀,邹老师!"

这是第一个和我打招呼的幼儿,那一声"早上好"就像春风一样轻柔,划过我的心田。我的紧张感瞬间消失。

紧接着许多小朋友跑到我的面前:"早早早!""邹老师,你的小辫子好好看呀!"……你一言,我一语。

至今,我都觉得起初那些看似简单的问候语,在很大程度上坚定了我今后的路。

日子一天一天过去,我和中二班的幼儿逐渐熟络起来,我也成了"孩子王"。和幼儿打成一片后,我开始悄悄走入幼儿们的内心世界。我观察幼儿,发现幼儿就像一面"镜子",教师可以从镜子里找到自己的影子。

有一阶段上课的时候,我发现很多小朋友爱挠头,一会儿拿手挠挠头,一会儿摸摸发梢。对于这种行为,我感到疑惑。直到有一天我的搭班老师对我说:"邹老师,你最近头发是不是不太舒服?我看你一整天都在挠头。"那一瞬间,我恍然大悟。原来幼儿们是在模仿我!

于是,趁着下午集体活动时间,我主动向幼儿们"承认错误",渐渐地这类行为在教室里减少了。

原来,幼儿的言行是可以映射出教师的许多不足。换言之,幼儿就是教师的一面镜子。

中班的幼儿年龄小,单纯又天真,他们在幼儿园里把老师当作"妈妈",会注意老师的很多生活细节,喜欢模仿自己亲近之人的言行。幼儿的模仿行为无形中提醒了我,要及时擦掉污点,注意言行举止,真正做到"身教大于言传"。

由于是新老师,我几乎不苛刻要求幼儿,每个幼儿的个体差异都是客观存在的,我一直以"鼓励"教育为主。比如萱萱是个非常安静的女孩子，在班级里朋友也不多，大家都不太愿意和她一起玩，用她妈妈的话来形容就是"做事不紧不慢，总是慢半拍"。其实，有的时候在活动中提问时，我从她的小眼神能看出来，她是知道答案的，但她会又很快低下头，躲避我投去的目光。

为了鼓起她的勇气，我小声询问她："萱萱，你知道答案吗？"如果她点头，我就顺势追击："能把你知道的答案告诉大家吗？"

就这样慢慢引导，一次两次多次，萱萱逐渐变得有自信。慢慢地，在活动中都可以看到萱萱高高举起的手了。

在某天的中午，我收到了萱萱妈妈长长的短信，短信内容是：邹老师，谢谢你的鼓励……现在萱萱每天回家，都主动和我们说幼儿园的事……变得越来越主动、积极了。

读完短信，我感动和自豪并存。

做到正面引导，让幼儿在鼓励中勇于表现，用一颗爱心、一双慧眼，及时发现萱萱这类幼儿，帮助他们树立自信。例如暗示幼儿："你能行！""不要紧，错了也没事！只要你敢说出来！"幼儿会有："老师认可我""我来试一试"的自我暗示。最终会主动表达，慢慢变得自信。

幼儿园时期是人生成长的奠基阶段，幼师是幼儿的启蒙老师。"学高为师，身正为范"，时代的进步要求我们树立终身学习的思想。教育之路漫漫，一年半的时间对于一生的教育来说只是个开头，要学的东西太多了。因为自身专业受限，我所欠缺的东西要比别人更多，"笨鸟先飞早入林，笨人勤学早成才"作为座右铭，时刻警醒着我。

我也秉承"以真心换真心"的观念教育幼儿、对待幼儿，久而久之，幼儿也拿出他们的真心对待我。和谐师幼关系的构建，让我也顺理成章地成为"孩子王"，与幼儿们打成一片，既是师生，也是朋友。

（江苏省苏州市吴江区奥清幼儿园　邹旖）

肯定幼儿，大胆放手

2018年，我如愿考入现在的幼儿园。在幼儿园工作不到三年的时间里，我认真学习先进的教育理念，同时根据班里幼儿的年龄特点，研究适合他们的教育方法。尤其针对班级的卫生情况，我通过不断摸索，大胆尝试，也逐渐总结出了一套属于自己的管理方法。

在我们班有这么一支队伍，他们整日穿梭在教室中间，发现哪里有问题就及时解决，发现哪里有垃圾就及时清理。幼儿们亲切地称呼这支队伍为"绿色天使小分队"。

要说这支小分队的由来，还得从幼儿刚升入大班时说起。

记得幼儿升入大班的时候，班级的各项工作一度出现了混乱的局面。往年中班的幼儿升班以后也会出现这种状况，但是今年的这些孩子们的日常生活规范尤其差。

早上的晨间区域活动，幼儿把活动材料扔得满地都是，无论我们怎么引导还是不会整理归类；集体教育活动时也是为所欲为，想干什么就干什么。最让我头疼的是卫生情况，幼儿们每次加完餐点后，把点心渣渣掉得满地都是；午餐时也是同样的状况。

我们事事亲力亲为，尤其中午搬床、整理床铺的时候，我与配班老师常常累得直不起腰。面对这样一群懵懂无知的孩子，对于教了两年大班的我来说，也是感到无比地头疼。

于是，我和配班孙老师开始对幼儿进行观察分析，记录他们的行为，针对他们的表现寻找解决的方法。

每天早上来园时，我们先选出值日生，分别负责扫地、抬床、擦桌子、叠被子等工作，傍晚离园前再由老师和小朋友评价今天的值日生工作做得如何。如果所有小朋友都认可的话，每位小值日生可以获得一张贴贴画。

这样的鼓励机制，燃起了幼儿值日的热情，他们争先恐后地表现好一些，以争取能获得当小值日生的资格。

正是因为他们当过了小值日生，能体会值日生的不容易，就会懂得爱护教室环境，讲究卫生。通过这个方法，幼儿们越来越热衷于劳动，也越来越注意教室卫生。

记得有一次，幼儿们吃肉松蛋糕，当天的小值日生发现这种蛋糕容易掉肉松，于是他们想出了一个好办法：从科学区找来了报纸铺在地上，让小朋友到报纸的区域吃蛋糕，这样他们收拾卫生就容易很多。这个好办法很快也被其他小组学会，大家最后给这个报纸起名为"环保列车"。

慢慢地，每天的值日生工作已经远远满足不了幼儿的需求，于是我又增设了小组长一职，在每个小组中选出一名小组长，负责管理小组成员的日常生活。任何一个幼儿，只要表现得好，管理得好，就有机会当一周小组长。一周结束以后，再选出最佳小组长，最佳小组长所在组的全体成员都会获得贴贴画一张。

就这样，幼儿们行为开始有了自我约束，他们互相监督、互相提醒，每天都有良好的表现。

值日生和小组长的工作，让幼儿日常的学习规范和卫生习惯都有了明显的改善，班级里再不像以前那样脏乱。由此，我又想到了许多新的职务："图书管理员""安全小卫士""午餐服务员""午睡小管家"，这些新职务的诞生又激起了幼儿竞争的热情。

为了让幼儿更有成就感，我专门定制了这些职务的小牌子。幼儿每天来园后就戴上各自的铭牌，开始一天的工作。现在，班里每天都会有一批"挂牌"的小明星，我们美其名曰"绿色天使小分队"。这些小分队的成员每天穿梭在教室中，各司其职，履行好自己的职责。

作为幼儿教师，每天的工作都是繁琐的，我们要做一名有智慧的教师，懂得充分利用幼儿资源。尤其是对大班幼儿，要给予他们充分的肯定，鼓励他们、相信他们，大胆放手，让幼儿去操作、去尝试，我们就会收获意想不到的惊喜。

（山东省烟台市长岛综合试验区实验幼儿园　肖爽爽）

用爱丈量教育的宽度

从开始工作到现在已经有三年了,在这三年里,我由开始时的紧张不安,成长到现在能独立带班。

《说文解字》中有:"教,上所施下所效也。""育,养子使作善也。"此二字生动形象地告诉我们:身体力行是教育,以身作则是教育,正身明法是教育。

育人离不开引导、激励、关怀。

三年来,我在迎来送往中感悟教育的情怀。送走老生,迎来新人,在教学相长中,我慢慢地发现,教育方式或许千姿百态,教育的结果或许百花齐放,但这一切的力量源泉都得益于"爱"。

教师的爱如此可贵,他们是儿童成长的精神动力,是茁壮成长的肥沃养料。当一名老师心中充满阳光,那么无论他行走于何处,都能感受到爱的温暖,体会到与幼儿一同成长的美好。

每天早上，我都会早早地来到幼儿园门口迎接幼儿，跟他们问一声"早上好"，让幼儿在进园的那一刻就沐浴在幼儿园爱的暖意中。幼儿脸上洋溢的笑容，充满着感染力，仿佛抵过这世间所有的美好。

我想这就是我坚守的理由。

幼儿们在这样爱的陪伴中，经历了三年的时光，"礼"的种子在他们心中悄然发芽：看见地上有垃圾，默默地拾起丢到垃圾桶；发现操场上有遗落的衣服，则主动捡起并有序放至招领处……

很多时候，教育不需太多言说，躬身行动的力量更加深入人心。

我常常与同辈们交流："我们作为老师，要对幼儿多一些耐心，如果他一开始就什么都会了，还需要我们做什么呢？"教育，有时候就像农业。适时、适事、适度，是重要的教育艺术。花有期，果有程，我们应该用热腾腾的情感来呵护幼儿，耐心地期盼他们的生长和成熟。

被赏识、被关爱的幼儿，才能更好地被引导施爱，启发自爱。在我的办公室里有这样一位常客：他，可以来去自由，不受限制；他，会时常抱着我，或哭闹，或嬉笑。他就是我们班级里那个有些自闭的博博。

博博不爱说话，不与同伴交往，总是沉浸在自己的世界里，拒绝走出世界，也抗拒他人走进这个世界。但是他却总爱来我的办公室，或玩玩、或躺躺、或坐坐，忙时我会边工作边给予他微笑，闲暇时会笑着与他聊天。

后来我换了新的带教班级，令我惊奇的是，博博还是如往常一般，总是来到我的办公室玩耍。这段爱的陪伴，让我感受到教育旅程中不期而遇的美好。

其实，在我的职业生涯中遇到的特殊幼儿并不只有博博。令我印象深刻的还有一位叫琪琪的幼儿。当得知转园来的琪琪分到我班后，作为老师，我代表全班欢迎了琪琪的加入。但是琪琪的就学路并非一帆风顺。由于身体缺陷的原因，琪琪的言行与同伴不太一样，他因此常常成为被嘲讽和戏弄的对象。

为了让琪琪能更好地融入集体，我通过日常上课、主题教育、私下谈心等方式让幼儿们明白要接纳别人的缺点、缺陷，学会尊重别人。在爱的教育沐浴下，琪琪感受到了集体的温暖，班级也逐渐形成团结友爱的良好班风。

爱的基础是尊重、理解与关怀，三者缺一都难以实现爱的目的。

让幼儿在有爱的班级中成长，用幼儿的语言同幼儿言语，从幼儿的角度为幼儿思考，去认真聆听幼儿的心声，这样才能加强师生之间的有效沟通。

要用一种亲和性的方式去了解幼儿，体会幼儿成长中的困惑，并以教师的模范力量教会幼儿如何与人相处、体谅他人，培育幼儿健全的人格。

在工作中，我时刻牢记着"为人师表，答疑解惑"的宗旨，始终不忘初心与使命，以坚定的信念、务实的作风，教书育人。主动转变教学观念，从根本上建立起以幼儿为核心的教学理念，理解幼儿、尊重幼儿、爱护幼儿，在教学过程中与幼儿平等相处。

在幸福的育人历程中，厚重的时光年轮里沉淀着我们的教育理想和追求。在幼儿的陪伴中，在事业的抉择中，在辛苦的付出中，我们辛勤而又快乐地展现了为人师表的美丽。

教育的过程，就是爱的过程。我会坚持自我、突破自我，为幼儿付出爱，教会幼儿去爱，与幼儿一同成长。

（江苏省靖江市中虹幼儿园　陆桂婷）

给幼儿一个精彩的童年

从本科到读研,我经历了六年学前教育的专业学习。可当作为刚从学校毕业的新教师,切身实际地去面对幼儿和一线教育场景,实践经验不足的我还是很难将理论与实践很好地结合运用。尤其是当我面对游戏与课程、游戏与教学的关系时,往往无法以合理的尺度来把控。

《幼儿园教育指导纲要(试行)》《3-6岁儿童学习与发展指南》等文件中都强调,幼儿园应该以游戏为基本活动。但在幼儿园教育实践中,大多数情况下,游戏并没有真正成为幼儿的主要学习方式。加之有一些家长仍受传统教育观念的影响,对于游戏教学并不认同,这使课程游戏化或多或少受到一些阻碍。

有一次送走放学的小朋友,整理好班级资料,刚准备动身下班回家时,手机里弹出一条消息,上面写道:徐老师,我问我家孩子,今天在幼儿园都学了什么,老师教了几个字,他啥也不说,这是怎么回事啊？看到这条消息，我先是有点哭笑不得，随后又很理解这位幼儿家长的心情，于是耐心回复她：轩轩奶奶您好，今天我们带孩子们去了室外的"沙水湾"。您可以问一问孩子玩得开心不开心，让宝宝和您说一说在"沙水湾"和小伙伴一起做了哪些有意思的事情哦。

后来这位幼儿的奶奶说，孩子告诉她，他们在沙水湾的"农家乐"和小朋友一起玩"做饭"。他们拿沙子当米饭，但是找不到菜。他看到树叶的颜色和形状是不一样的，看起来很像平时吃的蔬菜，就想到用树上掉下来的树叶当菜。他把捡来的菜放到了碗里，但是玥玥告诉他，菜要放到水池里洗一洗、切一切煮熟才能吃。他还看到天空飞过一只小鸟，注意到"轮胎花盆"里开出了很多美丽的不知道名字的花……家长说了这么多，潜台词就是对于幼儿只是"玩"而不满意。

"不能让孩子输在起跑线上"的传统教育观念，影响着绝大多数家长对幼儿的教育方式。幼儿回到家里，家长喜欢问"在幼儿园过得开心吗"或者"今天学了什么"。其实，经过这些年的观念引导，一些家长的教育观发生了很大的变化，能够认可和接受科学合理的教育方式。但仍有个别老一辈的家长，依然只关注幼儿学习了什么知识。每当遇此，我都会耐心对其进行开导。

记得一次午后的谈话活动，幼儿们谈到郊游时想去外面野餐，有的小朋友说自己家里有帐篷，到时想在帐篷里玩。于是，我们一起先查阅了有关帐篷搭建的资料，了解帐篷的造型、种类，并请家长带来一些基本材料投入到资源库，由此展开了一场关于哪种帐篷搭建方式更稳的探究活动。经过一次次实践，幼儿们一致认为将木枝相互交错建成的三角形帐篷站得更稳。在对这场活动的观察中，我体悟到了课程游戏化的魅力。一次帐篷探索，也让我仿佛回到童年，与幼儿们一起经历"哇"时刻。

幼儿乐在其中，看起来是在玩，实际上是在玩的过程中一点点获得了许多书本上难以获取的快乐体验，并在"润物细无声"中学到了科学和艺术领域中诸如测量、记录和发现平衡等丰富的知识。在这样的活动中，幼儿锻炼了表达能力，学会了做记录，懂得了合作，体会到了团结，并在这个过程中自然而然地形成了认真专注、积极思考、敢于尝试和不畏挑战的良好品质，这些快乐体验和品质养成应是我们送给幼儿的最好礼物。

渐渐地，我对课程游戏化有了自己的理解。课程游戏化就是要让课程带给幼儿精彩的童年，更生动、更丰富、更有趣、更有效地促进幼儿获得新的经验，促进幼儿的健康发展；就是让幼儿做符合幼儿需要的事，做适合幼儿天性的事，做幼儿力所能及的事，做幼儿能感受挑战的事，以及做幼儿能感受到趣味的事，让幼儿在课程的体验中，更好地成为自己。幼儿正是以自己的行动方式，迎着扑面而来的春风，尽情享受着用童心书写的一则则生动有趣的"游戏故事"。

为了让家长更多地了解课程游戏化，我组织家长会让家长了解课程游戏化的意义，然后邀请观念滞后的家长观摩幼儿的游戏与活动，让他们直观感受、体验。使之明白我们不仅要关心幼儿的衣食住行，更要关注幼儿的生活经验和情感体验，了解幼儿的学习特点，相信幼儿在游戏中可以得到提升。

依托课程游戏化建设，在刚工作的这一年里，我与家长在课程共建中一同成长，这种变化影响着我的教学经验、支持着幼儿的健康成长，也改变了家长的教育观念。

我从理念到行为上都有了很大的提升，在真实的游戏情境中观察幼儿的意识和习惯，我的注意力也从关注自己是否能把控游戏局面，转为关注幼儿在游戏中的行为是否有积极参与、深度探索的状态。

我希望在今后的成长道路上，可以更多地挖掘幼儿的学习潜能，在观察的基础上学会引导和放手，研究为幼儿提供更好成长环境和支持的策略，让每个幼儿在精彩的童年中都能真正快乐地参加游戏。

（江苏省张家港市万红幼儿园　徐夕蕊）

"被迫"做了幼师后

"勿忘初心，方得始终"，记得大学时刚看到这句话时，并不能理解其真正的含义，只是觉得它像照进我生命里的一束光，在心里留下了不可磨灭的印记。

不知不觉间，参加工作已经八年了，通过不断学习，我渐渐从一名新手教师成长为一名业务园长。

细细想来，选择幼教并不是我当初高考填报志愿时的本意。像很多高中生一样，千军万马中过了独木桥，面临人生的抉择时，却并不明晰适合自己未来的道路。于是，在高考成绩不理想的情况下，听取家里人的意见，选择了一个我很陌生的专业——学前教育。

大学的专业学习新奇而有趣，舞蹈、声乐、美术、钢琴、幼儿心理学、幼儿教育学、幼儿卫生学……丰富多彩的课程让我应接不暇，也让我对毕业之后的工作充满着好奇与向往。

很快，大学三年匆匆而过，毕业后进入待至今日的幼儿园。

记得上班报到的第一天，正好是教师节。我想，或许这是我和幼教的缘分，每年的教师节都会有特别的纪念意义。

实际中的工作是什么样子呢？

当面对一群"无知"的幼儿时，我显得有些手足无措，书本上学到的那些理论知识在应对现实中吵吵闹闹的幼儿时，显得那么苍白无力。

刚开始，我实在无法适应，因为需要面对不同的幼儿和家长，每天要处理各种琐碎的小事——谁的水杯找不到了、谁尿裤子了、谁把谁打了、谁不小心摔倒了……对于一个刚刚毕业的新手来说，这些事情着实让我抓狂。

有过迟疑，有过退缩。当领导安排我当小班班主任时，我更是怀疑自己能否胜任。私下跟大学同学聊天时，我说："我觉得我经验不足，我怕我带不好他们。"同学说了很多，最后一句点醒了我："带小班的孩子更好啊，他们就像空白的纸，画什么颜色就看你了。"

是啊，虽然我只是一名普通的幼师，但是在幼儿眼里，我的一言一行对他们产生的影响并不亚于父母。3－6岁是幼儿成长的关键期，我应很幸运能参与其中，有幸做他们的启蒙老师。想通后，我放松了很多，不再迟疑。

做了小班班主任后，繁琐的工作时常令我焦躁不安，很希望幼儿们都听话。可是小班的幼儿自理能力较差，本就需要幼师付出更多的耐心。

家人总是开玩笑对我说："你自己还像个没有长大的孩子，怎么教只有三岁的小孩子啊？"同学也打趣："当幼师很好啊，每天哄孩子，多轻松。"

每当听到这些，我只是一笑而过，因为个中滋味只有自己才能体会。

对于一个刚刚毕业的新手班主任来说，一点点的小事情就足以让我"焦头烂额",但是我始终用爱心去对待幼儿,用耐心与诚心去和家长沟通,虚心向和我配班的高老师学习。

记得第一次给幼儿上集体教育活动时,讲完故事后我就不知道应该干什么了。这时候高老师对幼儿们说:"你们去给李老师一个拥抱吧,鼓励鼓励她。"

幼儿们一拥而上,紧紧地把我抱住,那一瞬间我感觉特别温暖,不安与窘迫也不见了。

高老师的一句话让我知道,原来和幼儿相处并没有那么困难,一个动作、一个眼神、一个微笑都可能和他们建立亲密的联系。

相比于刚刚上小班的幼儿的入园焦虑,教师更多的是要面对家长们的担心与不信任。针对这样的情况,我建立了班级 QQ 群,每天把幼儿的活动照片、视频发到群里。

就餐和午休的时候,全班 28 名幼儿中只有 8 个幼儿选择在园。我知道,这可能是家长对我还不信任,怕幼儿在园吃不好、睡不好。于是,我每天晚上在群里和家长反馈在园幼儿就餐、午睡情况,用自己的专业知识帮家长解答问题,让其他家长看到我的用心。

一个月后,班里有 25 名幼儿申请在园午休。当看到家长发信息对我表示肯定时,我觉得我做的这一切是有意义的,内心的成就感和满足感也油然而生,体验到了作为一名幼儿教师的幸福与快乐。

当我外出学习几天不见幼儿时,幼儿会不断问班里的老师我去哪里了;当我学习回来的时候,幼儿们会跑过来紧紧地抱住我。一张张笑脸、一双双眼睛能瞬间把人融化。

我想,我已经喜欢上了他们,也适应了这样的工作。

为了进一步提升自己的专业能力,我报考了自学本科,弥补了当初没有上本科的遗憾。希望能用自己的专业能力服务幼教工作,以更好地和幼儿相处,用自己的专业智慧去解决工作中的问题。

随着年龄的不断增长,我对于幼儿教育这个行业也有了更深刻的理解,它绝不仅仅是"看孩子"那么简单。古人说"蒙以养正",意即给幼儿以正确的启蒙教育。我想，我会朝着这个方向努力，这会是我毕生追求的梦想，尽管这也许不是我最初的梦想，但我依旧热爱它。

在幼教路上远行，爱幼儿、爱自己的事业，一年又一年，慢慢亦漫漫。

（山东省广饶县稻庄镇中心幼儿园　李青青）

重新开始，一路坚守

六年，简单的两个字，却是我一直坚守的见证，我坚守在幼教这个岗位上，迎来送走了一批批幼儿。多少个日起日落，我与幼儿相守在一起，共同游戏、成长。

在幼儿园里发生的事，"围城"外的人只有隔墙相望，看个热闹，只有经历过的人才能切身领略其中的辛苦与不易。与幼儿的相处，就像打翻了生活的五味瓶，什么滋味都会尝到一点。但我始终坚持"我是一块砖，哪里需要哪里搬"的理念，服务幼儿、教育幼儿。

还记得我临危受命被调至现在的幼儿园时，想到即将面对未知的一切，我有些忐忑，在心里打了一连串的问号，甚至想过退缩。但看到大家信任的目光时，我接受了挑战，告诉自己：平淡无奇的生活怎能让人快速成长？！

匆忙中租房，第二天去园里参加教师碰面会，就这样，我与新园的缘分由此开始了……

经过几天的筹备后,我们迎来了一批新娃娃。刚刚带完毕业班的我,虽然做好了迎接挑战的准备,但面对这群哭着要找"妈妈"的呆萌小宝贝,还是有些不知所措,刚刚安抚好这个,那个又哭上了。

尤其是早上入园的那段时间,从泪眼婆娑、依依不舍的家长手中接过挣扎哭闹的幼儿,有些焦躁的幼儿甚至会照着我的大脸打几个巴掌,但我没空消化情绪,开玩笑似地说:"你这小手还挺有劲。"

一个新教师看着被抱进去的幼儿,担心地问道:"你没事吧?"我摸了摸有些火辣的脸,笑笑说:"既然选择了,就要有所准备,不是吗?"整个活动室充斥着哭闹声,管理后勤的老师齐上阵,一起安抚幼儿。

伴随着老师温柔的声音,午休时间开始了。班级里的幼儿们,有要抱着的,有要哄着的,还有要轻拍入睡的……这个时候我多么希望自己有三头六臂。

这群小娃娃总算睡着后,我也喘了口气。抬头看看钟表,已是近一点,肚子已经开始"抗议"了。刚要起身放下怀里睡下的幼儿,不料他小嘴一撇又要开始哭了。看着含着眼泪入睡的他,不免觉得阵阵心疼,于是又继续抱着。

旁边的李老师放下一侧的幼儿想要替我一会儿,我说不用了,让他多睡会儿吧。于是王老师一路小跑把饭提来,我抱着这个小娃娃连忙扒拉几口。

这一天结束后,精神一直高度紧张的我终于累得瘫坐在地上。想起中午有家长责怪我不回复她信息,我不禁问自己:这是为了什么,这仅仅是一份工作,值得如此吗?

想到这儿,眼泪不争气地在我的眼眶里打转。李老师看到后,大步走过来安慰我。我的小情绪得到缓解后,又撸起袖子继续加油干。

一位前辈曾说:"如果你此时觉得有些吃力,那就说明你正在走上坡路。"我一直拿这句话激励自己。我将情绪搁置一旁,投入工作中,并开始着手明天的准备工作。

"还不走呀，老师们！"一阵男士的声音传来，吓得我们一激灵，原来是门卫师傅在巡逻。

我们抬头看看表，时间总是过得那么快，已是深夜十点多了。我想，这不仅仅是工作的结果，更体现的是我们对待工作的态度。

一天早上，王老师看上去忧心忡忡，再三追问才知道她的孩子发烧了。

午饭过后，我们催她回家看看孩子，她却潇洒地一挥手说："孩子有她姥姥呢，没事！"但我知道她心里肯定也很着急。可是如果她回去了，我们这群幼儿就少了一个人照顾，在大家和小家面前，她毅然决然地选择了前者，甚至不惜和我们一起奋斗到深夜一点多。

出门回家，那轻风吹到脸上，吹散了睡意，也将我们四个人的心紧紧地连绑在了一起。

因为我们的"拼"，园长"勒令"我们好好休息。看到园长严肃的表情，我们几个笑着，因为我们知道这严肃的背后包含的不仅仅是一个领导对于职工的感情，还是一个大姐姐对于我们的心疼和爱。

伴随着清晨的阳光，我们每天迎接幼儿入园。日复一日，幼儿们逐渐度过焦虑期，而我们越来越有干劲，工作开展得也很有条理。

多次问自己，如何做一名好幼师。思来想去，觉得作为一名好教师要做到"问心无愧"，无愧于家长对我们的信任，无愧于领导对我们的栽培，无愧于幼儿叫我们的那声"老师"。

我爱我的职业，它是我的工作，也是我为之奋斗的事业。我会用心呵护纯真，用智慧孕育成长，用真诚开启心灵，用希冀放飞理想，用自己的一言一行默默耕耘，在幼儿教育的沃土上播撒爱与希望的种子，默默成长、静待花开。

（山东省滨州市滨城区教育实验东方红园　辛瑞婷）

经验型

师傅领进门，修行在个人

　　不知不觉中，我已在幼教这片热土上辛勤耕耘了 23 个年头，我的青春、我的梦想、我的追求、我的欢乐都化作了春霖秋露，深深地融进了这片热土。而我自己，曾经稚气未脱的小姑娘如今也已为人母，青春的冲动和年轻的狂热也渐渐褪去，取而代之的是一份成熟和对事业执着的爱。

　　成长是时间的积累，成长是生活的阅历，成长的记忆有苦涩，更有幸福。回首我第一年的从教经历，那是成长中多么宝贵的一份财富。

　　记得 20 年前，我第一次踏进幼儿园的大门，那时的我底气十足、信心百倍。我想我那么年轻，有的是热情，更有充足的知识储备和扎实的理论基础，相信只要自己努力，很快就能胜任工作，得到幼儿的喜爱和同事的认可，作出可喜的成绩。

　　可是，残酷的现实，却给了我当头一棒。

当我真正接手实质性的工作后，却像一艘迷失了方向的航船一样，茫然、不知所措。我这时才发现自己教育能力的不足，所学的理论知识难以运用于实际的工作。

当我在迷茫，甚至想要退缩的时候，便不断告诫自己：现在的措手不及和力不从心，不正说明我学问上的不足吗？唯有学习，才能使我进步，促我成长！

当我静下心来学习的时候，发现自己其实处于一片学习的沃土中。幼儿园为新教师提供了许多学习的机会——新教师培训、师徒结对、外出学习等等。领导和同事们的关怀无微不至，也让我在迷茫中逐渐摸索出方向。

花儿美丽，芬芳万里，但离不开根的滋养，离不开大地的孕育。我是一粒在幼儿教育大地上待放的花种，在带教老师的帮助下我开始发芽长叶，我在肥沃的土壤里努力吸收养分。

经验是需要积累的，同时也需要传承。可敬的前辈老师们，尤其是我的师傅都毫无保留地把宝贵的经验传授给了我们这些新教师。

在我适应新环境的时候，师傅安慰我，解除我心中的焦虑与不安。

在我茫然的时候，师傅向我伸出了援手，指导我、引领我……让我有一种"山重水复疑无路，柳暗花明又一村"的豁然开朗。

在我成长的过程中，师傅对我严格要求，让我学会在错误中学习。

师傅教会我如何树立威信，如何有序组织幼儿的一日活动；教会我如何分担班务工作，与其他老师良好合作；教会我如何与家长沟通，取得家长的信任，最终达到家园共育的目的，真正促进幼儿的发展。

我了解了在集体教育活动的过程中，需要进一步懂得怎样提问才能给幼儿留下巨大的想象空间；怎样"教"才能使自己的声音富于变化，抑扬顿挫……

俗话说"师傅领进门，修行在个人"，当工作开展有序之后，我开始制定自主学习计划：在今后的教学中，要认真备好每一个半日活动，努力上好每一个集体活动，并写好反思；争取把理论知识运用到实践中，在尝试应用的同时不断反思，在不断地反思中求得进步；大胆实践，开拓创新，深入研究，探讨交流，把课堂变成自我实现的舞台。

日复一日，年复一年，尽管我的幼教之路困难重重，但幼儿园不断为我们的学习提供平台、搭建阶梯，让我逐渐成长为了一名经验型教师。

当然，除了搞好教学，也要做一位细心的老师，往幼儿的日常生活，注入点点滴滴的教育。

月季花开了一茬又一茬，幼儿送走了一批又一批。九月的阳光依旧无比灿烂，九月的幼儿依旧活泼可爱。

记得去年丫丫小朋友刚入小班时，小手那么小，胳膊那么细，好像用力一拉会把她拉坏似的。去厕所小便，她望着便池不敢迈步，我伸过一只手，她扶着迈了过去；她小便完，又拉着我伸过去的手走下来。就在这牵牵拉拉中，丫丫能自己如厕了，她的妈妈也说："丫丫上幼儿园后进步真大。"

爱幼儿、教幼儿是我的责任。因为我是幼儿教师，我就要对幼儿负责。我要平等地欣赏、对待身边的每一位幼儿，为每一位幼儿提供均等的发展机会，让幼儿都能幸福得像花一样健康成长。

作为奋斗在教学第一线的教师，我深有这样的体会：每一位幼儿都渴望得到他人的理解和尊重，不少幼儿会因为教师的误解或批评而气愤，甚至由此排斥老师、害怕老师，不愿意再上幼儿园，这极大地损害了幼儿的身心健康。

因此，在幼儿园日常生活的教育活动中，教师应把握批评的"度"，让尊重和理解落到教育教学的每一个角落，让和谐的师生关系不再成为遥不可及的期待。

（四川省成都高新区和美实验幼儿园　张自霞）

成长中的变与不变

出生在教师之家的我，受父母的影响，从小就怀揣着一个教师梦，于是大学一毕业就选择成为一名光荣的幼儿教师。

回首自己十年来的幼教生涯，一直在这片土地上默默耕耘，呵护幼儿的童心和童趣；始终坚守初心，牢记使命，做幼儿生命中的贵人。

十年中，不变的是喜欢和幼儿在一起，喜欢和幼儿一起大笑、一起嬉戏、一起学习、一起烹饪美食；变化的是对专业知识学习、业务能力提升的追求。

一直以来，我在工作中都保持着精益求精、追求完美的职业心态。无论大小事务，都会尽自己所能，努力做到更好。

刚刚走上工作岗位，懵懂的我对一切都比较陌生，但因为热爱，在工作中我认真跟着其他教师学习一日带班，熟悉一日带班流程；并坚持每天写工作日记，每周坚持写一篇幼儿观察日记，从学习、游戏、生活等记录幼儿情况，做好相关总结反思。

还记得师傅说过这样一句话："新教师的成长就在3至5年之间，如果跳得出那就出彩了，要不就淹没了。"也正是这句话让我更加努力，除了自己带班的半天，剩下的半天我会坚持跟班观察师傅的带班，观察生活老师的保育环节，就这样沉下心观察并学习着。

第一年，这样坚持不懈地通过"观察—模仿—实践—反思"的闭环学习，让我很快能独立带班，并能运用一些师傅所用的教育技巧解决一些实际碰到的问题。

紧接着，第二年开始，我对自己有了更高的要求。因为我发现，虽然自己和幼儿相处得比较默契，基本上能掌握每个幼儿的性格特点，但是对于家长工作，我却有些胆怯。于是我开始学习处理家长工作，将学会如何有艺术地沟通、如何让家长能够信任我这个黄毛丫头，作为自己的新挑战。

遇到爷爷奶奶等老人家接送幼儿的，我更注重沟通幼儿的日常保育，如反馈幼儿进餐、午休等情况；如果是父母自己接送幼儿的，我重点反馈学习、游戏、交往情况。因人而异，有针对性地进行沟通，取得家长信任。

接着，我坚持将自己观察到的幼儿"哇时刻"分享到网上，让家长认同我的专业能力。就这样，我的用心付出、我的专业素养得到家长们的认可，双方渐渐形成了教育合力，携手共育幼儿。

三年的成长期很快过去了，我对自己接下去的每一步都有规划，我打算再用三年好好钻研自己的业务，提升业务水平。

我积极参加各类培训、教研活动，通过竞岗走上了园区教研组长的岗位。无论是自己开课还是组里的老师们开课，我都精益求精，一遍一遍地试教、一遍一遍地调整。有些时候，为了一个细节、一个提问、一个回应，细细推敲，反复琢磨。

在教育科研上，无论是自己撰写课题论文还是老师们撰写课题论文，我都会认真细致地一稿一稿地修改，大到框架，小到标点符号，力求做到最好。在这个过程中，我认识到教研组长必须要有一定的钻研和奉献精神，明白帮助、成就他人也是自我学习的一个过程。

正是这样的经历，让我有了底气参加市、区各类评先推优，成为市教坛新秀。

后因提拔调动，我来到新园走上管理岗位，职务是分管行政的副园长。

走上新岗位，再次作为"新人"，我要尽力为教职工做好服务工作，时常为核对数据、上交各类材料工作到深夜。在各类创评工作中，主动协调各部门，做好幼儿园各类档案指导以及各类汇报材料的准备，小到照片的选择、会议的接待等等，我都亲力亲为，为幼儿园的窗口形象努力做到"品质服务"。

而在专业能力上，我也从未停止过学习成长的步伐。平日积极参加各级各类组织的培训，把每一次的学习内容都当做成长的养分，吸取精华，并运用到自己的日常工作中。同时，也经常利用业余时间阅读一些相关书籍以及网络资源，从各个渠道，通过各种形式丰富自己的专业知识，提升自己的专业能力。

通过多年的努力，在专业方面已经形成了自己的特色，获得了很多荣誉。

匠心是一种情怀、一种执着、一份坚守，更是一份责任，我会一直坚守自己的这份初心，做一名专业的幼教人。

（浙江省杭州市东城第四幼儿园　唐娟）

感谢自己的坚持

我来到现今所在的幼儿园已 20 余年，从事幼教事业以来，一直工作在教育一线。秉承"根的教育"理念，恪尽职守、锐意进取，在工作中，积极发挥带头作用，全心全意为服务好幼儿、家长及幼儿园奉献自己的一份力量；保持着一颗有爱的心，以爱施教，以爱育人，滋养幼儿纯净的心灵，使他们在"爱"中茁壮成长。

爱是幼儿的一种迫切的心理需要，只有与他们之间建立起良好的情感联系，才能使他们产生积极、愉快的情绪。20 年来，我带过太多的孩子，有活泼可爱的、有性格内敛的、有聪明伶俐的、有爱动爱闹的……有许多家长曾这样对我说："赵老师，我们每天在家看一个小朋友就头疼得很，你们天天要带几十个孩子，这工作真不容易。"

是啊，对于一名幼儿教师来说，要真正爱上许许多多与自己没有血缘关系且性格各异的孩子，要爱得公平、爱得得法，是不容易的。

纵然我热爱我的工作、喜爱孩子们，但面对重复、繁琐的工作，有时我也会有情绪的波动，有心情烦躁的时候、有不知所措的时候、有伤心流泪的时候。但不管怎样，我始终坚持初心，以"爱"驱动，用一颗有爱的心来面对一切不如意。

还记得有一个孩子让我记忆深刻。那一年，我接小班，班里来了一位名叫涵涵的特殊的幼儿。涵涵有着严重的沟通障碍，大多时候你跟他是无法正常沟通的，跟他说话基本上都是你说你的，他做他的，无法得到他的有效反馈。他也极度缺乏安全感，来园时哭闹不止，书包不让放到橱柜，要一直背着；天气热了要给他换件衣服，却不让脱；尿裤子了，也不让换；上床睡觉，从不脱鞋。

另外，他挑食且自理能力差，吃饭时甚至连馒头都不会拿，不爱吃的东西就到处扔；经常流口水、反应迟钝，随时随地会在地上滚爬……同事们都说带了这么多年孩子，没见到过这样的，我也看在眼里急在心上。但我知道，办法总比困难多。

我先找到涵涵妈妈沟通情况，在沟通时得知，涵涵才7个月大的时候便被送到外婆家，让外婆照顾；1岁多的时候受到过惊吓，极度没有安全感。了解此情况后，我就下定决心，要用爱来包容他，用爱来温暖他，用爱来陪伴他。

涵涵午休时不能像其他幼儿一样主动躺床上睡觉，即使上床了，也总是在床上蹦蹦跳跳或爬来爬去，这样影响着其他孩子都无法入睡。遇到这种情况，我都主动放弃午休，专门留下来安抚他。虽然和他交流困难，但为了让其他幼儿有一个安静的午睡环境，就先带他在活动室待一会儿。他在活动室地上滚来滚去，无论我如何劝他说地上脏，他都不听；一会儿又围着活动室边笑边跑圈，要我去追，这样下来，我衣服都被汗浸透了。这样的情况，持续了很长一段时间。

教学活动时，他从来不会坐到自己的小椅子上，讲故事讲到凶狠的动物时，他就会躲到厕所里，一个劲地说"怕"。音乐活动时，他控制不住自己，高兴地到处跑来跑去。区域活动时，把玩教具弄得乱七八糟，小朋友告状连连；教师稍不留意，没有危险意识的他，就蹬着椅子爬上了窗台，或者拿起手工剪刀到处乱剪……

面对这样的情况，我和班里老师统一思想，不管涵涵如何"特殊"，都要像对其他幼儿一样同等对待，不让他觉得自己是个"另类"。同时，又把他作为重点观察对象，付出更多的爱去关心、关注和引导，纠正他不良的行为习惯。

由于涵涵缺乏安全感，我就用爱来唤回他的安全感。涵涵每天来园时，我都蹲下来抱抱他，亲亲他的小脸；遇到他吃饭不吃虾和鸡蛋时，我便把虾和鸡蛋用勺子捣碎，混在米饭里喂给他吃；在他玩得高兴时，悄悄地为他摘下书包，放到他的小椅子背后；他睡觉不脱鞋，我就先准备鞋套让他穿着……

就这样一天天过去，他慢慢接纳了我，在和他的接触中，我发现他并非一块木讷的"小木头"。跟他沟通时，只要把语速放得很慢，他就能听得懂，虽然反应慢了几拍，但他也会流露出渴望与人亲近、交往的需求。

于是，我陪他一起重复简单的对话，听他说谁也听不懂的"哼哼唧唧"，直到有一天早上来园，我像往常抱过他，他竟然将手里的东西伸向我嘴边，跟我说："赵妈妈吃，赵妈妈吃。"我一看，是巧克力。涵涵最爱吃巧克力了，他的举动让我的眼眶一下子湿润了，"爱"果真是有回报的。那一刻，我觉得我与涵涵一起成长了，还好我没有放弃，庆幸自己的坚持。

经过长时间的陪伴和观察，我发现涵涵虽然不像其他小朋友一样能保持长久的专注，但是他喜欢看书，在阅读角他可以看上半个多小时，一动不动。我抓住这个教育契机，他爱看书，我便陪他看，班里的书看完了，就陪他去园里的图书馆看。有一天，他指着长廊墙上的成语一字一顿地念给我听时，我比谁都兴奋，又很欣慰。

常言道：干一行，爱一行。而我觉得：干一行，爱一行，钻一行。20余年的工作中，三点一线，日日常规。幼教工作不需要豪言壮语，我们要用爱与行动，把好习惯、好品质像大树扎根一样，通过日常活动让幼儿渗透习得；有足够的细心和耐心，做好一个引导者、支持者，关注幼儿成长，与幼儿一同成长。

（河北省石家庄市直机关第一幼儿园　赵丽）

用心当好班主任

岁月漫漫，我与幼教事业相识相知，乘风破浪携手走过六个春夏秋冬。从懵懂无知、初出茅庐的学生，成长为今日能扛事、知进取的幼教人，这一切都离不开幼儿园教育管理的熏陶和园领导的思想与行动引领。

保育做起，主动成长

踏入幼儿园时，一切从零开始，顶岗实习保育员。起初我并不知情自己的工作身份，只记得园长曾说是"保教结合"。保在前，教在后，保教不分家，保育包揽了班级所有卫生工作。

在一位保育组长的带领下，每天学一两样保育技能，逐渐承担起所有卫生保健工作。在此之余，我也陪幼儿画画、锻炼、学本领，照料如厕、盥洗、饮水和就寝。

一学期快到头，才将心中的疑惑托出：为何没有上课、组织活动，我渴望得到多方面的锻炼。

园长则回复说："时间是海绵里的水，要挤。"

保育工作是充实繁重的，要配合老师组织教学，关照幼儿身体健康，负责班级整洁卫生，承担户外整理归置等。后来，园长安排我与多位富有经验的老师搭班，组织师徒结对，使我真正感受到帮扶带的作用。

我尽情发挥自己之所长，投身班级环境布置；努力备好、上好每节课；尽心尽力关注每一个幼儿；主动承担班级任务，积极参加各类活动。

这个实践学习的过程教会了我、成就了我，让我找到奋斗的方向。

亲历管理，收获满满

管理面前，我是体验者，也是实践者。回顾点滴，收获满满。

工作第五年时，我有机会被安排接手骨干教师所带班级。第一次担任中班班主任，我感到欣喜，也为之担心。我不仅要做好分内事，还要学会兼顾全班工作，管理好班级，协调好同事之间的关系。

我之前曾搭过几个班，当过保育员、配班老师，明白班级的每份工作都不轻松，深感合作、和睦的重要性。三个人一台戏，思在前，行在后，彼此目标统一、步调一致，大家要心往一处想，劲往一处使。

成长的路上，遇到的人和事都使我时常扬起嘴角。在朝夕相处和日复一日的工作中，也悟出了带班者的共事之道：班主任不仅要带好班级，还要主动承担责任，不计较个人得失，与搭班教师共谋发展。

一路走来，切实感受到了管理的魅力，它能指引正确方向，推动教育教学发展，使教师获得成功和喜悦，享受职业幸福感。

边教边想，教学相长

对于幼儿的发展，教师要育人先育己，边学边思。遇到问题时，不可一味地抱怨环境、责备幼儿，应从自身寻找原因，试着改变自己。教无定数，幼儿不是一成不变的，教育也应多样化，因材施教，因势利导。

晓之以理、动之以情，是我的核心思想。对于幼儿，要以正面导向为主，榜样引领、言语激励等方式帮助其养成良好习惯。所谓"无规矩不成方圆"，班主任要事无巨细，班级里所有与幼儿有关的事都参与其中，想要提高活动效率，良好的班级规则是不可或缺的。创设丰富多彩的活动，拉近师生距离，逐渐形成良好、固定的班级常规。

持之以恒、言行一致，是我的教育主张。教师的一举一动、一言一行，都是幼儿的榜样，在各项活动中教师应重视自己言行的导向，关心幼儿的感受，着眼幼儿长远的发展。

重视沟通，不厌其烦

家园共育是幼儿园的重要工作之一，主动和家长沟通是幼儿教师的必修课，让家长了解幼儿园教育、掌握幼儿在园情况方能拉近双方距离，弥合理念的差异。

沟通有技巧，应和颜悦色、语气柔和，互相尊重。除了面对面、线上、集体式交流，也可以书面反映幼儿情况。如期末寄语、活动反馈、群发通知等，都是体现老师专业能力、沟通能力的重要渠道。

虽然班上的幼儿有几十位，但不论期末工作有多忙，我都雷打不动地将撰写寄语放在首位，立下计划，坚持一周内完成。

写寄语是耗时又耗脑的活儿，每写一个都要回忆这个孩子在班级所有活动中的表现，并简洁扼要地表达出来。我也把撰写寄语当作一项训练，既积累素材，又练习自己的写作、评价能力。

记得初来幼儿园之时，园长说："要当一个会做也会说的老师。"多年来，我也一直践行这样做，工作之余多读书、常写作，学习借鉴他人的教育经验，提高自身的专业水平。

感谢机遇，感恩自己的努力，让我的职业生涯如此多姿多彩。我将一如既往地多看、多学、多体验，团结同事、热爱工作，以幼儿全面发展为核心，紧密联合家长共育，做好一名班主任。

(江苏省南通市如皋市石庄镇石庄幼儿园　陈安琪)

常学常思

我从事幼教工作已经有 17 年了，在这 17 年里，我能从一位懵懂的小姑娘成长为一名合格的幼儿教师，除了因为有贯穿始终的工作热情、端正工作的态度和善于总结的良好习惯，也离不开生活对我的锤炼。

我原始学历为中师，为了提升自身的素质和能力，我进修了大专和本科；为了提高专业素养，我还积极参加与幼儿园教学、管理相关的活动。

还记得在我上小学的时候，一次老师到家里家访，对我的家长说："你家孩子真笨，反应还慢，上我的课就像听不懂一样！"多年过去，这句话一直在我的脑海里挥之不去，每当想起时，仍感觉不舒服。

从这件事情可以看出，经师易遇，人师难求。作为幼儿教师，我们说话要慎之又慎，如果在工作中说话太随意、不走心，言语无意中伤害了幼儿，也许幼儿就像我小时候一样，感到不舒服同时，还会在心里留下难以抹去的伤痕。

在这方面，我的同事王老师处理得就特别好。我们每次进行工作交流时，她总会用鼓励的眼神看着我，对我说："你能把这件事情处理得这么好，真的了不起！"或者说："对！这件事情就该这样做！"她的话语就像有魔力一般，让我对待工作有了很大的动力。

我也积极向王老师学习说话的艺术，我会努力去寻找幼儿的闪光点，肯定幼儿的付出，引发幼儿的学习动力，使之思维更活跃、语言更丰富，拥有一个快乐、充实的童年。

工作要常干常新，也许有的老师说，幼儿园的工作就这些，每天都是一如既往的，有什么可常干常新？其实，工作与生活会时常跟我们"开玩笑、出难题"，或者给我们一些小"惊喜"。

你是否遇到过这些情况：幼儿突然把小手插到了小洞里，然后拔不出来；或者突然告诉你，他把泡泡糖粘到了小女生的头发上；或者自己辛辛苦苦备好的课却上得一团糟，等等。遇到这些事情应该怎么做呢？是否先安抚幼儿的情绪，然后一起想办法解决问题？

另外，幼儿在日常生活环节的"小惊喜"，你是否抓住机遇，生成相关课程？我们要有一双善于发现的眼睛，观察到幼儿的点滴进步和闪光点，彰显教育智慧。

关于课程方面，我们要学会反思课程内容是否符合幼儿的年龄特征，是否给幼儿准备了充分的活动材料，是否能够找出一些新颖的教学方法让幼儿在享受中接受新知识。

这就需要我们总结归纳，常学常思。

腹有诗书气自华，读书可以增加我们的自信！我们要做一名有专业自信的老师，专业自信的根基来自理论专业知识。我把借来、买来的幼教书一一品读，使这些内容内化为自身的专业修养。

在与家长交谈时，首先询问家长对一些事情的看法，以此来推断家长对幼教的认知有多少。对一些平时工作能够出现的现象，先给他们"打预防针"，了解一下他们对这些事情的看法，趁机向他们讲述幼儿园的教育理念以及幼儿的年龄特点，为下一步顺利开展工作做好思想准备。

当然，在管理班级的时候，也会碰到一些特殊的家长，我们应该怎样对待这些家长，让家长理解我们的工作呢？共情是很好的方法，以情换情，做一位让家长放心的老师。如果再把理论联系实际运用于工作之中，那更能使我们的专业能力日益精进！

师者，传道、授业、解惑也。作为一名幼儿教师，我们更是任重道远。我们的教育内容是全面的、启蒙性的，我们要常学常思，从不同的角度促进幼儿情感、态度、能力、知识、技能等方面的发展，为幼儿一生的发展打下好基础。

(河南省濮阳市实验幼儿园　梁丽菁)

不因惧怕而逃避

12年教龄的我，回首自己从教的幸福历程，过去的一切历历在目。

有句话这么说："你不能延长生命，但你可以决定生命的宽度；你不能左右天气，但你可以改变自己的心情；你不能选择自己的容貌，但你可以展现自己的笑容。"而我想说：我虽然不能选择班级的幼儿，但是我可以选择让班级那些幼儿更加幸福地学习，并为此付出努力。

在我的幸福历程里，有这样一些幼儿，他们不爱说话、不善表达，兴趣有限，活动的内容刻板、重复。在我从教十年之际，我就在毫无准备的情况下遇上了她——一个名叫豆豆的小女孩，她是一个极度封闭的孩子。

在豆豆家长给豆豆报名上幼儿园的时候，我就对之有过简短的了解。对于豆豆的一些极端行为，虽心里快速盘算过如何施展教育策略，提前排兵布阵，但仍有些许忐忑，甚至有点惧怕，这是我之前从未有过的感觉。

临近开学的日子，为了更好地了解和掌握豆豆的个性特点及相关情况，我再次约谈了豆豆家长。尽管有了一定的心理准备，但当我真正面对始终低着头、沉默不语，无论我如何刺激，对任何事物均表现出毫无兴趣的豆豆时，我的不安则更为强烈。

通过这次沟通，我了解到豆豆一直由爷爷奶奶照顾，在三岁的时候豆豆还不会讲话，也不跟其他的孩子玩，这才引起家人的重视。为此，她的妈妈辞掉了工作，开始带着豆豆去特殊学校接受训练，悉心照顾着豆豆，豆豆平时对妈妈也有着较强的依赖。

如何让豆豆尽快熟悉并适应幼儿园的集体生活，又如何让其他幼儿和家长以平常心去接纳豆豆，这是我需要解决的首要问题。

开学之际，由于豆豆还要定期进行特殊训练，她每天上午入园，午餐结束后去特殊学校。

起初，班上几位老师还挺乐观，以为也就半天的时间，再加上前期与其家长的沟通后，对她有了一个详细的了解，预计对班级影响应该不会太大。

然而实际的情况却没这么简单。豆豆刚刚入园时，喜欢躺在地上大声哭闹，还总是一边哭一边脱自己的鞋袜，疯狂地撕扯自己的物品，甚至扯自己的头发。每当此刻，老师想上前抱住她，她就拼命地挣扎，满教室地跑。

对此，我内心的迷茫与无助是难以言说。

更为糟糕的是，豆豆的极端行为引起了班级其他幼儿的恐惧与排斥，豆豆走到哪儿，他们就会有意识地避让。尤其是豆豆早上入园时，其他小朋友一个个躲得远远的；还有幼儿嘀咕，豆豆太可怕了。

这一幕幕深深刺痛着豆豆妈妈的心，也挑动了我那根敏感的神经。

为了消除幼儿们心中的恐惧，让幼儿去理解和接纳豆豆，我们在班级开展了一次谈话活动。首先问大家为什么躲着豆豆，幼儿们你一言我一语地诉说着豆豆的可怕之处，我听着心里是无声地叹息。但很快调整自己，对幼儿们说："豆豆之所以会有这样的一些行为，是因为她生病了，她也不希望自己是这样的，但是有些时候她会控制不住自己的行为。你们不用害怕她，她不会伤害小朋友的，同时她需要小朋友们和老师的帮助，只有这样她才会喜欢上幼儿园，喜欢我们的班级，这样她就不会大声哭闹了。我相信你们一定愿意跟老师一起帮助她的，对吗？"

幼儿们你看看我，我看看你，然后点头。

轻松的谈话，融化了尴尬，融进了和谐，也培养了感情。慢慢地，班上的幼儿对豆豆友善起来，看到她的东西掉了，会主动帮她捡起来；要排队外出了，会有小朋友拉着她的手，引导她站在队伍中；吃饭了，会有小朋友提醒她去洗手；等等。

豆豆的异常行为有了少许改善，但仍会频频失控。

由于豆豆情绪频频失控，对班级的活动或多或少有些影响，知情的家长们都很担心，家委会代表多次向我们提出要豆豆离开这个班级。

出于综合考虑，我找豆豆家长针对这一情况做了相应的沟通，让其做好心理准备。然而，短短的一次谈话，却让我刻骨铭心，看着豆豆妈妈脸上反映出的那无尽的委屈、绝望、无奈……恻隐之心不禁油然而生。

为了消除其他家长的顾虑并取得他们的支持，我和家委会代表进行了一次深入的谈话，并保证对豆豆重点观察，不让她伤害任何一个孩子。之后，家长们不再发声，表示默许，毕竟豆豆是无辜的，大家都愿意帮帮豆豆。

家长的理解和支持，给了我们很大的鼓舞；班级的孩子们也确实表现出了比其他同龄孩子更加懂得关心和包容。这些令人欣慰的成果也让我暗自下决心，一定要把事情做好。

我们又开始寻找适宜豆豆的教育策略：让豆豆妈妈给豆豆带一些平日里她最喜欢的玩具入园，以缓解其焦虑的情绪和陌生感；我们还为豆豆打造了一个属于她的"小天地"，一起微笑着陪她玩，与她聊天互动，慢慢地与她拉近了心理距离。

渐渐地，豆豆开始不那么排斥上幼儿园了，甚至在入园时也露出了难得一见的笑容。豆豆的这一进步，让我们兴奋了良久。

为了更好地帮助豆豆成长，我们阅读了许多关于特殊教育的书籍，加强特殊教育的理论学习，提升自身专业素养。还去拜访了豆豆在特殊学校的训练老师，沟通商讨教育策略。

就这样，与我们相处了一年多，豆豆的情况有了非常积极的改善，已经基本适应幼儿园生活。每天都能开心入园，主动参与到班级的常规活动和游戏当中；离园时还会主动跟我们打招呼，一切都在向好的方向发展。外出游戏时，能主动站在小朋友的队伍中排队；午餐前能主动洗手，自己进餐；大小便时能自己如厕，再也没有出现大小便在身上的现象；在美工区能安静画画，不干扰其他幼儿游戏。

有一次中午，我送她离园，在走廊的吊饰上有小鸟，她突然抬头指着上面的小鸟说："老师，小鸟。"这是她少有的主动开口说话，语气里带着朝气和喜悦。

我庆幸，自己当初没有因为惧怕而逃避、退缩。豆豆短短的几个字，给予了我最好的回报，是我听过最美妙动听的语言。

（江苏省南京市栖霞区西岗幼儿园仙林湖园　邓秋菊）

用心，让我与幼儿一同成长

　　我从事幼教工作已有六年，目前是一位班主任老师。

　　幼儿教师，提起这个称呼我的嘴角是上扬的。善良、细心、温柔、可爱、多才多艺，仿佛一切美好的词都与幼师有关。

　　我喜欢自己的职业，喜欢这份职业带给我的满满幸福感。我从选择这个职业的那刻起，就把爱心、耐心、细心、责任心悄悄种在心田。从大学毕业后工作至今，我一直保持对职业的赤诚之心。每天与这些稚嫩可爱的幼儿在一起，也让我的生活变得更加充满朝气和阳光。

　　身为幼儿教师的我，除了希望能在自己的专业领域有所精进之外，更希望能得到幼儿的喜爱，真正地走进他们的心里。

　　做一个有爱的老师，是给幼儿童年最宝贵的礼物。幼儿的心灵如草尖上的露珠，晶莹剔透，稍不注意就会被伤害到。也许，我们无意中的一句话就会给幼儿的心灵蒙上"雾霾"。我们不仅要杜绝行为上的伤害，也要杜绝语言上的软暴力，以呵护他们的心灵。

幼儿是一颗有生命力的种子，我要做的就是给他们提供破土而出的养料和环境。我同他们一起阅读，在书香中漫游童话王国，分享童趣，分享爱好；同他们一起挥洒颜料，画出童心，画出属于自己的小艺术；同他们一起看小草萌芽、小树长叶开花。生活即教育，让幼儿在玩中建构经验、快乐成长！

作为一名幼儿教师，一定要有一颗好奇心，对自然充满兴趣，这样才能引领幼儿去关注自然，感受自然的无穷乐趣。

自然环境孕育着大量的物种，花鸟虫鱼都可以作为幼儿的观察对象。幼儿在树下发现一只西瓜虫，带到班里后和我"研究"了整整一个上午：西瓜虫长什么样？它吃什么？生活在什么地方？它会不会冬眠？这些问题有的是幼儿提出来的，有的是我提出来的，带着这些问题我们共同寻找答案，你一言，我一语，在交流中碰撞出知识的火花。

幼儿在草叶上找到的蜗牛，草丛里捉到的蚂蚱，操场上捡的树叶，教室里发现的蜜蜂，校园里的花草树木、沙石泥土，都被我充分利用成"活教材"。我以一颗好奇心，带动一帮幼儿的好奇心，我们享受探索的过程，体验由未知到知的欢欣。

暮春，是幼儿园美好的开始。西瓜虫的害羞让幼儿哈哈大笑，小蚂蚁的馋嘴让幼儿惊喜不已，小蜗牛的淡定让幼儿急得直跺脚，就连那飞舞的蝴蝶也给了幼儿追逐的快乐。

初夏，风很轻，云很淡。我们一起倾听大自然的旋律，一起仰望湛蓝的天空。这时的幼儿园里，到处闪现着幼儿灵动的身影。我透过镜头一直追随，想看看哪里是幼儿最愿意停留的角落。小池里的水波荡起了幼儿心中的阵阵涟漪，湿透的衣服和鞋子见证了幼儿的几多欢乐。

秋日，暖阳下的幼儿园到处散发着温馨，展露着自己宽厚的笑容，把蕴藏许久的秘密捧上枝头。此时的幼儿，用发现美的眼睛去看一地的落叶，用小耳朵去聆听独特的音符，不知不觉间就拥有了满满的收获。幼儿们和老师约定一起打扮幼儿园，一起给秋天涂上彩色，无意间也把自己和老师画成了整个秋天。五彩的光影填满了幼儿欢笑时微露的小酒窝。一旁的我仿佛遇见了整个童年，轻按快门，便锁住了秋天美好的景象。

雪冬，虽然走了蜜蜂，逃了蝴蝶，连忙碌的小蚂蚁也躲了起来，但幼儿们并不孤单。当两三片雪花飘落时，幼儿早已举起小手，惊喜地发现落在手心里的六角小雪花。待到雪花漫天飞扬，全世界都是幼儿奔跑的身影。

教师有一颗童心，就意味着有儿童般的爱好、儿童般的兴趣、儿童般的情趣，能从儿童的视角去看待世界，以孩童般的心态去观察、去倾听、去感受。

我很喜欢幼儿围着我，抱着我说："老师，我喜欢你。"

我喜欢他们给我特别的昵称——"长发公主"。

我喜欢听他们讲自己的故事，或寻常、或奇妙、或滑稽、或惊叹。

我喜欢听他们天马行空的想象："老师，地下是不是有另外一个世界，那里生活着所有的恐龙。"

我喜欢他们不经意间给我的小惊喜"老师，你最喜欢什么小动物呀？""你猜猜看。""一定是小兔子！""你怎么觉得就是小兔子呢？""因为小兔子很可爱，你也很可爱。"……瞬间我就被甜到了。

带着这份童心，我与幼儿一路相伴，处处都是花香。

幼儿就像一个个小小的茧，我愿陪伴他们，和他们一起破茧成蝶、共同成长！

（陕西省西安市浐灞第六幼儿园　王梦婕）

新的角色，新的责任

从业 20 年，从实习生开始，到配班老师、班主任、年级组长、教研组长、科研组长……每一次岗位的调整，对我而言都是一次新的挑战。而这次的挑战则不同寻常：离开了熟悉的教师岗位，离开了顺手的教育教学工作、班级工作和年级组工作，走上了自己较为陌生的保教管理岗位。

新的角色，从看到开始

每天的巡班，我看到的是每一位老师用爱和温暖去陪伴幼儿的每分每秒：一位年轻的新老师，光着膝盖跪地抱着哭闹的小男孩；一位资深老师拖着老寒腿坚守在自己的岗位，只因为班级有个新小朋友每天入园必须要她牵着才进教室；在大家穿两件都觉得冷的天气，一位保育老师穿一件短袖依然觉得热，因为她一直在忙，没有一刻停下来；当幼儿们练习跳高从柜子上跳下的一瞬间，老师可以"瞬移"到旁边伸出双手去接……

一次次的活动里，我看到的是每一位老师敬业的付出和专业能力的不断提升：原本五谷不分的小王老师，为了上好课，不仅学会了种油菜，连养兔子都成了一把好手；怀着宝宝的准妈妈李老师，为了教学评比，不厌其烦地一次次修正活动教案、调整教具；一做PPT就会崩溃的陈老师，为了使幼儿有更好的体验，把自己熬成了PPT高手……

无数次的工作交流里，我看到的是老师们对教学业务的精益求精：幼儿园要举办区级公开示范活动，承担此事的教师从构思到实施，无数次地调整和修改方案，迅速且有效，从班级幼儿的变化就能看到教师为此付出的每一分心力；"世界粮食日"的时候，有的班级开展了珍惜粮食的活动，班级教师为了做好一份珍惜粮食的倡议书，一个小得不能再小的细节也要做到完美，因为她不想留遗憾，要让幼儿的心声得到最好的表达；带领幼儿学习、传承传统文化的教师，从绕线开始，到用手工经纬编织，再带着幼儿们编围巾、制作头饰……幼儿欢喜着、体验着、学习着，在幼儿眼里，老师似乎什么都会做。

说起来，这所有的一切，也许都是教师们本应该做的，但也折射出老师们对教育事业的执着。爱幼儿，从来不只是口头上的说说。

新的角色，我们依然在一起

以前，和大家都在一线教学工作，每天做着同样的事情，交流着彼此班级发生的事。而现在，工作岗位的变更，连带着工作地点的变化，偶尔有去到班级，看见老师们都在忙碌着，也就交流甚少；老师们即使到办公室去，要么是交资料，要么是询问工作事项……这样的情况，有时候难免让人觉得有些孤独。不过幸好，这份失落感在幼儿园教学评比活动中被治愈了。从前期理论方面的培训开始，教师们选课、调整教案，设置目标，优化结构，预设幼儿的每一次回答，精益求精地准备每一份道具……这是一个煎熬的付出过程，也是"宝剑锋从磨砺出，梅花香自苦寒来"的收获过程。

这个过程让教师们拥有了精益求精的追求，有了自我否定的勇气，有了全面科学的育儿观，学会了巧妙的构思，学会了对细节的精细打磨……我们欣喜地看到大家教学水平的提高和个人成长的进步。

这段时光里，我和老师们在一起，仿佛又回到了以前并肩作战的时光！就这样，我们度过了集思广益的每一天，有了无数个一想起来就内心充满温暖的故事。

新的角色，被需要让内心更有力量

中班年段有个小男生，很特别，每天入园只有自己班级的两个老师去接才肯进教室，不然就要满幼儿园到处乱跑。每天在教室摸爬打滚、午睡时在床上"开演唱会"，让班级里的老师"苦不堪言"。

就是这样的一个小男生，在我微笑地牵着他去棉花地里摘了几次棉花后，和我建立了深厚的感情：给我带他喜欢吃的糖果，把他最喜欢的橡皮泥给我保管……这样的依恋，让我内心充满了温暖和喜悦！

同时，我也深深地爱着孩子们。当天气微凉，我会提醒老师们早早把牛奶给幼儿们热好；冬天到了，幼儿们脱了鞋进游戏区会冷，我会提醒老师们帮幼儿准备好鞋套，避免脱鞋受寒……另外，我也深深地爱着每一位老师，帮助她们提高专业能力，获得幸福感。

每一个成长的印记，都代表着自己付出的努力，而这些努力，源于内心生生不息的力量。所以，找到力量的来源，让成长更加坚定吧！

我会做好自己的新角色，用心应对每一次挑战，做更好的自己！

（四川省成都高新区和美实验幼儿园　刘冬梅）

新环境，新挑战

我在幼教岗位上已走过了 13 个年头。在这期间，我曾担任过 8 年班主任，做过 5 年教务工作。2019 年申请调动，来到了现在的幼儿园，接手中班，并担任班主任。

来到新的单位，面对新的班级、同事、幼儿以及家长，一切对我来说既陌生又富有挑战。城里幼儿园快节奏的工作模式以及更具专业能力的同事，都让我感到了前所未有的压力。

有压力，才有动力。为了尽快适应新环境、新工作，我每天加强业务学习，虚心地向有经验的老教师请教，与同事互相交流，在实践中不断反思，逐渐提升自己的专业能力。

时光飞逝，通过一学期的学习，我的教育理念得到了更新，慢慢从注重"教给了幼儿什么"向关注幼儿"学到了什么"转变，从让幼儿"被动学习"向激发幼儿"主动学习"转变。

在日常活动时，我更注重让幼儿在"做中学"，做幼儿的支持者、陪伴者，与幼儿共同成长。

陶行知先生提倡解放幼儿的双手，即多为幼儿提供动手的机会，让幼儿自己动手操作，使他们在手脑并用中发展创造力。而建构游戏是幼儿最喜爱的活动之一，为幼儿提供了丰富的学习与发展的机会。

随着夏天的到来，幼儿们对夏天的电器兴趣浓厚，经常在建构区听到幼儿商量建构夏天的物品。我找准机会，围绕建构游戏"从平面电风扇到电器商场的畅想"而生成了连续性观察案例，适当放手，提高幼儿进行建构游戏的目的性，发展其在积木游戏中的创造力，让幼儿学会自己动手，手脑并用，真正做到"教学做"合一。

一次，区域游戏时间到了，浩浩和昕昕在建构区利用积木搭建出了一个电风扇。作为教师，要通过观察，发现幼儿作品中的创新，捕捉到可挖掘的价值。于是，我用及时分享和展示照片的方式认可幼儿的创造。

为了丰富班级所有幼儿的建构经验，让大家关注到电风扇的造型，我们进行环境创设，将不同造型的电风扇照片张贴在建构区供幼儿欣赏，拓宽幼儿创作思维、支持幼儿深度探究，以便幼儿能得到更进一步的启发。

有了第一次的分享经验以及电风扇图片的投放，接下来几天，幼儿们来到建构区都对建构电风扇产生了兴趣。几天过去后，幼儿们建构出来了很多不同造型的电风扇，有高的、矮的，还有正方形的。

幼儿们虽然建构出了很多不同造型的电风扇，但如何进一步激发幼儿的探究兴趣，推动幼儿进行深度学习，则是我下一步关注的问题。带着这个问题，我与幼儿们进行了研讨，然后根据幼儿的需求，又在建构区投放了圆形纸片、彩色积木等材料以引发幼儿的探究。有了新经验的积累、新材料的投入，幼儿们在建构区开启了新的探究之旅。

在幼儿们的共同努力下，立体电风扇诞生了，遗憾的是立体电风扇没有风叶，作品样式比较单一，幼儿们对自己的作品还不是很满意。

我拿起笔记本记录下这些遗留问题，以及幼儿在游戏中的表现和谈话，开始思考下一步可以做什么。

第二次的集体分享中，幼儿们的重点放在了如何设计风叶上。幼儿们积极思考，动手设计电风扇的风叶，探讨出不同的解决办法。在建构中，幼儿通过自主寻找材料解决风叶的问题，制作出了正方形电风扇，让幼儿的建构造型有了突破。

这一次，我们通过作品展示，将幼儿建构的作品照片展示在建构区，丰富幼儿的环境体验，让幼儿通过自主探究学习，提高建构能力。还为幼儿提供记录工具，让幼儿用笔和记录纸设计想要建构的作品以及画一画自己建构的作品，以提高幼儿的思维能力，拓宽幼儿建构广度，以及激发幼儿书写的兴趣。

电风扇的作品升华，还延伸出了电视机的搭建。新的游戏中，几位幼儿合作完成了作品"电视机"，他们通过观看图片、与同伴交流等形式探究建构方法，建构兴趣浓厚。从电视机的创想，可以看出幼儿们的建构经验和创想力越来越丰富了。

接着，我们创设建构挑战，为幼儿提供家具全景图以及相关辅助材料，让幼儿了解除了电风扇、电视机之外，还有其他家庭电器以及建筑可以用来创作。对于幼儿们的劳动成果，我及时拍下照片，并分享给所有家长，让家长们看到幼儿的进步。

有了新经验的积累，以及家长们的认可，幼儿们变得更加自信了。

随着建构作品越来越丰富，幼儿们的建构思路也越来越清晰。游戏中，幼儿们会主动发问："老师，我们还可以搭什么电器？"

有时我一时想不出来了，幼儿们会自己找解决的办法，比如回家问爸爸妈妈或者网上查一查，思维十分活跃。

后来幼儿搭建了冰箱，冰箱搭好后，研研突发奇想说："我们可以在冰箱里放很多冰棍！"

可是冰棍要怎么弄呢？

研研在冰箱里放了很多纸杯，说："这些是冰淇淋。"

鑫鑫在每个纸杯里各放一根木棍，笑着说："现在它们是冰棍了。"

一旁的彦彦用很多长方形积木围成了一个大圈说："你们看，这么多电器在一起，我们这里变成电器商场了！"

就这样，幼儿来到建构区看到不一样的电器，就会产生新的想法，并进行了实践，甚至将很多电器围在一起，创造出一个"电器商场"，想象力丰富。

"电器商场"完成后，琪琪提议将电器商场画出来，这表明幼儿有了一定的书写欲望。因此，这时引导幼儿在建构区有目的进行书写，逐步提升书写能力则显得很有必要。后期，我鼓励幼儿自己做建筑设计师，设计自己想要的建筑，并且用笔和纸记录下来，进一步提升幼儿的书写能力。

从"电风扇"到"电视机"再到"电器商场"以及更多创想，我感受到了幼儿在各方面能力都得到了提升。

幼儿在游戏时都有着自己的"想法"，作为教师的我们要能敏锐地捕捉到幼儿的"亮点"，结合幼儿兴趣、能力做有效的支持，逐步促进幼儿一次次完成有意义的深度创作，推动幼儿深度学习。

自由、自主、充满探究性的建构游戏，有效激发了幼儿的游戏兴趣。幼儿们在开放式的建构游戏环境中，"眼睛、头脑、双手、嘴巴"都得到了解放，充分体现了"做中学"的教育理念。

教师在和幼儿快乐的互动中，也能一起收获，共同成长。从我与幼儿的成长故事中，我学会了反思。作为一名幼儿教师，我们要有一双善于发现的眼睛，才能捕捉到幼儿精彩的瞬间，给予幼儿最适宜的教育。

在游戏中，通过多次观察，我更好地读懂了幼儿游戏行为背后的需求，从而更有效地支持幼儿学习，拓展幼儿的经验，促进幼儿的成长。经过与幼儿的探索和学习，以及自己在实践中不断地分析和总结，我的专业能力也逐步得到了提升。

在以后的工作中，一方面我将进一步加强学习，在不断引导幼儿自主解决问题过程中,提升自己的专业能力;另一方面我将虚心与同事共同探讨,将学习与教育相结合,在实践中不断反思总结,努力提升自己的业务能力。

(江苏省镇江市丹阳市练湖中心幼儿园　施爱霞)

不同的舞台，演绎同样的精彩

一次可遇而不可求的机会，让从事幼教工作 13 年的我，成为第一届下乡支教的公办教师之一。最初，内心的焦虑、思想的抗争，一度使我忐忑不安。而今，自己已在这条路上稳步前行，其间的担忧到畅怀、封闭到和谐、陌生到熟悉，一次次的转变，一幕幕的激动，让我彻底融入其中，真正成为了支教幼儿园的一员。

还清晰记得第一天报到的情形，我和同伴相约走进在脑海中想象过多次的支教幼儿园。那天清晨，忙碌而喜悦，入园的幼儿和家长们奔走在整个走廊，我们穿过人群，终于找到我们的新园长。

园长热情地接待了我们，向我们简单描述了幼儿园的情况，然后送我们到所任教的班级。

我的支教生涯就这样正式开始了。

空杯心态，虚心请教

在我刚踏入社会开始工作的时候，偶然听过一个"空杯心态"的故事，它告诉我们做事的前提是先要有好心态。如果想学到更多学问，先要把自己想象成一个空着的杯子，而不是骄傲自满。

"空杯心态"也不是一味地否定过去，而是要怀着一种放空过去的态度，去融入新的环境，对待新的工作、新的事物。

明白这个道理之后，我每到一个新环境，都会放空自己，向前辈学习，哪怕是年纪比自己小的实习学生。我始终坚信，每一个人身上都有值得学习的亮点。

非常幸运的是，新园长给我安排的小小班上，有两位经验非常丰富的优秀老师。对于小小班的教学经验，我更多的还是从照顾自己女儿的过程中积累的，所以我的出发点就是：把幼儿看成自己的孩子，边玩边教，边教边学。

事实证明，这种做法的确让我快速地融入其中，适应了新的教学岗位。

保育是小小班工作的重中之重。小小班幼儿年龄都在 2 岁半至 3 岁之间，来园前都是家人包办生活的一切。而来到幼儿园后，在我们的引导和帮助下，幼儿慢慢成长，学会自己做一些事情，比如：小便、洗手、吃饭、搬椅子、收拾玩具、穿鞋等等。

除了让幼儿学会一些生活自理能力外，我们还精心设计了深受幼儿喜欢的课程：律动、歌曲、舞蹈、故事、科学、社会、绘本等等。其中绘本教学是我们班级的一个特色，我们每天都会为幼儿讲一个绘本，日复一日。每天能和幼儿在一起快乐地生活、游戏、学习，心中也感到幸福满满。

分享技能，传递能量

在多年的幼教工作中，我更多的是沉淀、提升以及收获，传递这份收获，则是我支教的使命。我分层次、分领域、分内容地在支教幼儿园开展工作、实施计划、落实行动。

在这里组织开展的第一次教研活动，是我人生中最难忘的一次教研活动。为了这次教研活动能够顺利完成，我准备了两个星期，私下演练了许多次。

功夫不负有心人，新园长的积极评价和老师们肯定的眼神让我看到了自己想要的成功，我成功地将已有的能量传递给了可爱的老师们。

旗开得胜的收获，让我有了对今后的各项难题迎刃而解的信心。在教研培训方面，我给自己制定了学期计划，根据所支教幼儿园的实际情况，选择一些适合幼儿园、服务幼儿园的内容进行培训和教研，并取得了良好的效果。

互助合作，和谐发展

开展班级工作，需要三位配班老师的共同合作，所以协调好关系是很重要的。彼此间的信任和默契，都是工作得以开展的有益助力。

一开始在两位老师的热情帮助下，我迅速适应新环境，熟悉班级的各项工作流程，做好自己在班级中分担的保育和教育工作。

我们班的三位老师性格各有特点，但都属于同一类型，所以相处起来非常融洽。有了这份融洽，我们的工作就开展得非常顺利。

每个人都有不同的职责，但在工作上不分大小，针对问题每个人都积极参与，发表意见，争取把工作做到最好。在工作中，我更多的是分析引导、指出策略，提升两位老师发现问题、解决问题的能力。

一次，为了迎接即将到来的督导工作，我们齐心协力，团结合作，把新装修的空白教室装扮成了幼儿们的乐园。事后，园长的肯定、同事的赞扬、家长的惊喜，让我们三个紧紧地抱成一团，收获喜悦。

当看到共同的努力结出一个个丰硕的成果，我们都感到充实和满足。

支教工作的另外一项收获，就是有了许多可以畅所欲言的好伙伴。下班后，我们放下工作，一起交流教育趣事、分享自己的精彩故事、贡献自己的奇思妙招……大家不分年龄大小、不论职务高低，说笑声中留下了彼此心意相通的深情。

支教犹如天上的一颗流星，承载着我的愿望和梦想，我会好好珍惜这次机会，尽自己的全力为我的幼教事业增添色彩！

（山东省威海市环翠区机关幼儿园　方囡）

"空降"外地当班主任

我在原幼儿园担任班主任七年，2017年由于工作调动，被安排到现在的分园支教。当时大家都打趣我是"空降"外地的班主任，但面对未知挑战的个中滋味，只有自己才能体会。

"空降"外地当班主任，接手一个新班级，面对的家长及幼儿都是陌生的，难免会有一些不安。加之家长群体是个复杂的集合体，面对家庭背景、文化程度以及个性特点都不同的幼儿家长，由于接触时间较短造成的相互不了解，让我不知不觉中陷入了"信任困局"，这给家园共育带来了不少挑战，制约着家园合作的有效性。

家园之间良好的沟通合作是促进幼儿健康成长的重要保障，为了提高家园合作的实效性，我从促进幼儿身心发展的角度出发，采取不同的沟通方式，实现和谐、有效的沟通。

面对误会，深入沟通

一天夜里，正在熟睡中的我，被班级微信群信息吵醒，醒来一看，发现时间已是凌晨 1 点 25 分了。信息内容如下：老师，我想知道，为什么璐璐回来说和他一张桌子的同学欺负她，吃饭时候不给用桌子，只留一点点位置给她。今天夜里孩子做噩梦，哭醒，说梦见同学欺负她。还有放学的时候，我已经不止一次看见有小朋友推她，我都没说什么，只当孩子们闹着玩，现在小孩晚上做噩梦，我希望老师注意这件事。请把璐璐的位置调一下，星期一我会具体和你们沟通这件事，孩子还小，我不希望因为这件事让孩子心里受到伤害，我已经明显感觉，我家女儿的胆子越来越小。

看完信息，我冷静地进行了思考，脑海里回放着璐璐的种种表现。

据我们平时的观察，璐璐在班上属于文静乖巧的女孩，很少说话。平时班上的男孩子不小心碰到她，或者她遇到困难，她也从不主动找老师讲明，都是邻座的女同伴代为转告给老师。

为什么在父母的眼中，璐璐会是这样一个软弱可欺的角色？这个年龄段的孩子对于事物的判断和把握尚存在一定的偏差，我们都有这样的经验，有时无意碰了孩子一下，但孩子就会认为是打了他。所以虽然说班上的孩子有时候碰璐璐一下，但不见得是打她，可能只是表达亲近的一种方式。

对于疑虑，家长没有选择当面沟通问题，而是一直"忍"。我想这是家园之间的沟通出现了问题。

璐璐爸爸虽然每天放学都会来接她，但是在短暂的离园时间内，可能看到老师忙，也就不想麻烦老师，以为老师会留意到璐璐的情况，给他一个交代。

接二连三的误会，没有及时沟通处理，在他心里积累了一定的不满，认为老师不关注自己的孩子，以至于璐璐半夜做噩梦成了事件导火索,想要借此向老师讨一个说法。

深入思考后,我的心情平静了下来,于是第二天约璐璐爸爸面谈。在交谈中,我首先真诚地表达了歉意。我对她爸爸说:"我非常理解您的心情,看到孩子胆小害怕的样子,您肯定非常心疼。的确是我们的工作做得还不够细致,非常抱歉。"

这样做可以让家长感受到我沟通的诚意。无论如何,这些事情毕竟是发生在幼儿园,作为教师有责任保护幼儿的安全,也应该向家长阐明事理,争取家长的理解和支持。

而后,我与璐璐爸爸分析了璐璐"被欺负"的原因:在同伴交往方面,璐璐由于性格文静,缺乏一定的交往技巧,有时候会把同伴之间的拍肩膀、拍手臂等交往方式,误认为是"打",而班上有的男孩子就喜欢用这种方式来表达自己的交往愿望;璐璐遇到问题或困难时,也不喜欢主动告诉老师,一般都是身边的同伴转告给老师。针对这些问题,我虽然有针对性地做了很多引导,但效果不佳。

对此,璐璐爸爸表示理解,也反映了璐璐在家发生的问题。于是我与璐璐爸爸决定,更加深入地对璐璐加以引导,比如通过相关绘本、情境表演等方式,让璐璐知道怎样和同伴友好相处、知道怎么求助别人等。又如,在平时的活动中,会尽量多地关注璐璐在交往方面的行为,加以引导,提高其交往能力。

通过本次谈话,让璐璐爸爸感受到我们是十分关注璐璐的,让他觉得可以信任我们,能放心地将幼儿送到幼儿园。

最后,我向璐璐爸爸提出,希望能和他在日常有更多的沟通与联系,并表示会及时向他反馈璐璐在园的情况,也欢迎家长有问题能在第一时间和我交流,开诚布公地表达自己的观点。

面对不满,耐心解释

十二月是一年中最冷的时候。每天早晨9点,幼儿基本都在活动室进行集体教学活动，不得不开空调取暖。因班级比较多，同时用电容易出现跳闸现象。园领导便采取了错峰开空调的措施，大班开空调的时间是每天10点至11点。

　　一天，我班阳阳无意中对妈妈说了班级不开空调的事情，阳阳家长就把这件事发到了班级微信群，导致不少家长一起在群里不满地讥讽道：这么冷的天气，都不开空调，条件真差。当时，我在班上组织活动，无暇看手机，等到中午值班的时候看到微信群的消息，发现群里已经"炸开了"。

　　我觉得很委屈，但定了定神，就耐心向家长们解释：因班级比较多，同时使用空调容易跳闸，但是我们在组织教学活动的时候是会开空调的，保证幼儿不受冻，这个家长们可以放心。经此解释，再加上个别家长也帮忙说全天开空调比较浪费，制定空调使用制度可以节省资源，家长群里的不满气氛才算平息。

　　面对家长的不满言语，切不可撕破脸皮与家长针锋相对，耐心地解释和详细说明，更能赢得家长的理解。

面对倾诉，移情共鸣

　　早晨，昕昕奶奶送过昕昕入园后不久，昕昕妈妈就来到幼儿园，朝活动室门口偷偷地看了看正在位置上发呆的昕昕，示意我出活动室。

　　因昕昕肺炎住院休息了一个月，形成惰性而不肯入园，一直闹情绪，哭闹着不肯上学。她和奶奶在家不停地向昕昕讲道理，昕昕就是不肯上学。只好向领导请假，亲自来班上找老师了解情况。

　　平时在家里奶奶比较宠昕昕，什么都包办代替，什么事都顺着昕昕的想法；而昕昕妈妈的育儿观点是尽量让孩子做一些力所能及的事，即使孩子做不好也应该让他大胆尝试。在育儿观念方面产生的冲突，间接地引发了婆媳矛盾。

　　整个过程，我一直没有打断昕昕妈妈的话，只是安静地倾听，表示理解她的难处。等她情绪稳定下来后，我用举例子的方法让她明白，昕昕在家休息一个月不肯再上学属于正常现象，然后又说了昕昕的种种优点和不足，接着分析了年轻一代人与老一辈产生育儿方面的分歧时该如何应对，等等。

我的话引起了昕昕妈妈的共鸣，她双手抓住了我的手，一直讨教科学的育儿方法。

教师要设身处地地站在家长的角度思考问题，理解家长。在同家长的沟通中，我们要学会换位思考，把握好沟通递进层次。交流中，需要学会保持"空杯心态"，即开始不要急于亮出观点，而是先认真倾听，在听的过程中梳理思路，找到家长深层次需求和目的，再做针对性的交流。

家庭是幼儿园的重要合作伙伴，家园沟通必须讲究艺术性。教师需以积极的态度与家长交流，面对矛盾时要运用理性的思考，冷静地找出解决问题的对策，及时化解家园矛盾，提高家园共育的有效性，更好地促进幼儿的健康成长。

（江苏省高邮市秦邮幼儿园　刘秀华）

用心观察，用爱支持

现在的幼儿，大都生活条件优渥，有什么要求，家长都给其满足，这也造成了部分幼儿以自我为中心，行为任性，自理能力较差，面对这类幼儿，我时常绞尽脑汁构思教育良策。

为此，我班专门利用丰富多彩的实践活动和区角活动，来培养幼儿的责任心，让幼儿体验关心、帮助他人的幸福。

在"重阳节"来临之际，我带幼儿参观敬老院，特意组织小朋友们精心编排了节目，其中有诗歌朗诵、歌曲、舞蹈等。爷爷奶奶们和幼儿们在一起互动：幼儿围在爷爷奶奶的身边，专心地聆听着他们的故事，为他们送上自己亲手制作的小礼物、画画等物品，还为爷爷奶奶敲敲背、捶捶腿、讲讲幼儿园的故事……

此次活动我以为是成功的，有很多幼儿第二天来园分享了回家后为自己的爷爷奶奶捶背、洗脚，帮家里人做家务等故事，用自己的实际行动表达对家人的爱。

幼儿在家单向地接受着家人的照顾和呵护，没有培养起为他人着想的意识，这是造成幼儿以自我为中心的原因之一。但缺少同伴交往，人际关系薄弱，也是不可忽视的原因。

深思这些问题后，我决定利用幼儿园的区角活动给幼儿创造良好的环境，为幼儿提供充分表达自己交往意愿的机会，让幼儿在实践中学会沟通，学会理解他人，和大家友好相处。

比如在消防演练中，引导幼儿与消防员叔叔交流，主动去问一些关于消防的知识，幼儿在这个实践活动中能够主动参与，而且热情很高。又如，在班级"小商店"的区角活动中，小朋友们在找不到需要的东西时，会主动去问"营业员"；当自己带的"钱"不够时，会主动找伙伴商量物品买还是不买。通过这样的活动，幼儿在不知不觉中学会了交往及分享。

今年我带的大班毕业了，新接了小班。这是我这么多年第一次带小班，心里有很大的压力，小班幼儿大都不太懂事，很多事情也无法自理，很是让人操心。

新学期开始了，幼儿们陆续入园了。第一天上午，班级里的幼儿都在哭，我忙得感觉头都要"炸"了——哄好了这个，那个又哭了。

于是，我反思了一下自己。

小班幼儿刚入园，对周围的环境、班级老师及保育教师都比较陌生，对在园吃饭和睡觉也不适应，因此就会采取最为直接的抗议方式——哭！

起初，我还耐心地劝说他们，陪他们一起玩玩具，唱唱儿歌、跳跳舞、听听音乐等等，可他们的哭闹声还是不停，甚至有的幼儿在你抱他时，会踢你、打你。

天天都是这样的话，的确让人头疼。可是一想到自己的工作职责以及每位家长对我的信任和认可，我就充满了力量，在心里暗暗地告诉自己，作为幼儿的依靠，绝对不能轻易放弃，一定要坚持。

还记得一个教师节的早上,我在接幼儿入园时,幼儿们陆续对我说"老师,节日快乐"。等到了班级,看见桌子上的小礼物,尽管只是一幅画,但那一刻还是很感动,觉得心里暖暖的。

后来,我班新来了一位名叫佳佳的小女孩。佳佳给我的第一印象就是安静,入学两个星期了,她还很少和小朋友说话,别人活动时她就静静地站在一边。但是学习的时候她又很认真,老师的话都能听得进,只是从不举手回答问题。

班里有这样一位"没有存在感"的幼儿,虽然省心、省事,却也让人不易接近。

有一次户外游戏,需要小朋友们自己找一个朋友玩。其他小朋友都各自找到朋友玩去了,只有佳佳一个人静静地站在一边看别人玩。

于是,我走到她旁边,问她想玩游戏吗。

她用蚊子般的音量回我,我几乎没听清她的回答。

我又问她:"老师当你的朋友,和你一起做游戏好吗?"

她望着我而不作声,我也从她眼中看到了喜悦和期待。

于是她把手递给我,我故意说我忘记怎样玩这个游戏,问她是怎么玩的,她很熟练地教我玩法。

原来,她很会说话,而且普通话还很标准。

做完游戏,我夸奖她很能干。

她听了,两眼望着我,很乖的样子。

我凑到她耳边,轻声鼓励她以后多找我玩。

她轻轻点头。

往后,我会刻意观察佳佳在游戏中的表现,但不会让她察觉我的关注。

逐渐,她愿意表达自己的想法了,开始找我玩,然后也会慢慢地去找同伴玩。虽然她交往的范围有限,但至少有朋友了,笑容也多了。

在这个岗位上工作已有些年头了,至今还清楚地记得我刚毕业时老师对我的教导:无论发生什么事情,都不能动手打幼儿,要把对幼儿的爱和教育当成坚守的事业。

爱心是干好幼教工作的首要条件。如果没有爱心，谈何教育？

当我用爱心对待幼儿时，幼儿也会用他们的爱心回报我。当我感冒时，幼儿会围在我的身边，关心我；当我嗓子沙哑时，幼儿也不会在教室里大声地吵闹……

可爱的幼儿，他们虽小，但是却那么善解人意！

我坚信观察幼儿、了解幼儿，才能走近幼儿，教育、引导幼儿在人生的道路上踏出坚实的第一步，在洁白的画布上涂下美丽的第一笔！

（黑龙江省八五六农场幼儿园　肖翠文）

了解幼儿，帮助幼儿

步入幼教这个行业已有 17 个年头了。

虽然在这个行业里，我早已不是新手，但在脑海里也常会出现这样的困惑：到底该如何去教幼儿？怎么能教好幼儿？教幼儿什么才能使其终生受用？

幼儿园教育应当注重幼儿发展的全面性和长远性，幼教工作者要找到那把开启幼儿心门的钥匙，倾听幼儿的心声，和幼儿一起畅游在他们无限童趣的世界里。

经过一段时间的摸索，我发现绘画活动是我要找的那把钥匙。

在已有的教学经验中，我发现幼儿在绘画时，会完全沉浸在自己美好的世界里，不受外界的任何干扰，将自己的内心世界完好地表露出来。在绘画的世界里，幼儿可以大胆表达内心的情感。

成人的喜怒哀乐可以通过言行、举止、表情、文字等形式来表达，但是年幼的孩童该如何表达自己的内心世界呢？他们还不会写字，也不擅长准确的语言表述，只能用简单的方式来表达情感，而绘画无疑就是他们很好的一种表达方式。

我们要为幼儿提供自由表达的机会，鼓励幼儿用不同的艺术形式发挥自己的想象、大胆表达自己的情感；要尊重每个幼儿的想法和创造，肯定和接纳他们独特的审美感受和表现方式，分享他们创造的快乐。

记得有次母亲节前夕，我让每个幼儿画一幅画送给妈妈，可以画礼物，也可以画自己最想做的一件事。

从幼儿递上来的一幅幅作品中，我发现幼儿的情感世界是丰富多彩的。有的幼儿画了漂亮的衣服，有的幼儿画了美味的蛋糕，有的幼儿画了帮妈妈洗衣服……但铮铮的画都很"特别"，画上只能模糊看出是三个人。我问他原因，他说："我想要母亲节那天和妈妈一起去爸爸家玩。"听完这句话，我的心里一阵酸楚。

虽然铮铮是个挺调皮的幼儿，小朋友们都不太喜欢他，告他状的小朋友也很多。可他父母离异，平时和妈妈住，爸爸很久才会来看他一次，有时候他想爸爸了也不知道怎么表达。从这幅人物轮廓的画里，我深深感受到了铮铮对父爱的向往，表达了自己内心最真实的感受。

绘画也可以提高幼儿间的合作意识，促进幼儿社会化发展。因为幼儿在绘画活动中，通常会共用一些绘画工具。如果教师有意识地少投放一些工具，就会提高工具共用的频率。经过一段时间的训练，幼儿就会意识到，如果要完成自己的作品就必须要和大家共用这些工具。久而久之，幼儿就会为了完成作品而学会等待、合作。同时，无形中也培养了幼儿与周围人的良好关系，为幼儿的社会化发展打好基础。

绘画活动对幼儿益处广泛，那么如何更好地进行绘画活动呢？通过经验汇总、资料搜集、向长辈请教，我逐渐梳理出了思路。

1. 鼓励幼儿大胆创造，激发幼儿绘画兴趣

由于所处年龄段的不同，幼儿们所呈现的心理特征也有所差异。

我们要针对不同阶段幼儿的特征鼓励幼儿自由想象、大胆创作。对于年龄偏小的幼儿，可以让他们先从涂色开始，用自己喜欢的颜色给图案上色；年龄大点的幼儿，可以让他们临摹画，在此基础上鼓励他们大胆想象与创作。

多给幼儿欣赏一些美术作品，让他们谈论感受。对于幼儿的表达要给予鼓励，增强幼儿的自信心。每次进行绘画活动时，不要总是命题画，可以多给幼儿留些想象的空间，让其自由发挥。

除此，还可以多开展一些丰富多彩的社会活动，如郊外写生、优秀美术作品欣赏等，以激发幼儿对绘画的兴趣和创作的欲望。

2. 适时指导，因材施教

艺术教育是实施美育的主要途径，我们要充分发挥艺术的情感教育功能，来促进幼儿健全人格的形成。对于幼儿艺术活动能力的培养，《幼儿园教育指导纲要（试行）》中明确要求："要根据幼儿的发展状况和需要，对表现方式和技能技巧给予适时、适当的指导。"

因此，在日常的绘画活动中，我们要细心观察，认真钻研，做到因材施教。教师要善于收集关于幼儿进步的点点滴滴，让每个幼儿都能在指导中有所收获。

3. 对幼儿作品的评价

绘画是幼儿已有经验的体现。尽管幼儿的想象大多天马行空，但是毕竟脱离不了现实的生活，想象必然有现实生活作为基础。教师要尊重幼儿的每幅作品，尤其不能用成人的眼光去评价幼儿的作品，要站在幼儿的角度去看待每幅作品。

评价时要看画作是否有童趣，表达了何种情感，有没有创造性思维的体现，并总体上给予肯定与鼓励。也可以让幼儿自评，这样不仅可以提高教师对幼儿作品的解读能力，又能培养幼儿的语言表达能力。通过评价，幼儿可以审视自己的作品，还可以学习同伴的优点，这对其他幼儿的创造也有积极的推动作用。幼儿会从中得到启发，不断开阔思路。

幼儿的想象世界是没有界限的，是富有童真童趣、五彩缤纷的。我们的解读能力和教育策略，还需要不断地探索和提升，以帮助幼儿在他们的绘画世界里自由畅想、快乐成长。

（辽宁省大连高新技术产业园区第三实验幼儿园　宋云桥）

小脚丫走进幼儿园

我是个一直奋斗在一线的青年教师，毕业至今，已工作五年有余。

这几年来，从实习教师到班主任，在不断的工作实践中，对于这个职业我有了更深刻的认识和理解，也学习了许多新的教育理念。

在 2020 年的调动后，我来到了一所新开的幼儿园担任年级组长一职，在各种挑战中快速成长。

调动后的第一年，我带了一届新小班，当再次面对新生入园的分离焦虑，我思考是否可以通过生成课程来解决这一问题，因此我尝试了基于儿童立场的课程创生，让幼儿可以在游戏和生活的过程中顺利度过入园适应期。

每年开学季，幼儿园迎来一批新入园的小班幼儿，他们要接受许多新事物，结交新朋友，适应从没接触过的新环境，这对三四岁幼儿的适应能力是一个很大的考验。在小班上学期，入园适应对教师、家长和幼儿们都是一项非常重要的挑战，是否可以通过相关的课程来帮助幼儿积极、愉快地度过这一段适应期呢？

为了满足小班幼儿入园适应期的心理需求，帮助幼儿建立对幼儿园的安全感和归属感，我们基于幼儿的需要和兴趣，生发、构建并实施了符合班级现状的系列课程——"小脚丫走进幼儿园"，通过各类游戏和实践活动引导幼儿走出班级，逐步认识熟悉幼儿园，并寻求家庭、社区的配合，合理利用资源，在各类活动中促进幼儿的多元发展。

开学前，我通过家访对班级幼儿的家庭教养方式、生活习惯等做了细致的调查和了解，发现一些父母亲陪伴幼儿的时间很少，而祖辈家长照顾太细致，导致许多幼儿整体适应能力较差，生活自理能力不强，胆子小，动作、语言、社会能力方面的发展都偏弱。

针对这些情况，新生入园报到时，我们就组织亲子活动，让家长带着幼儿在老师的介绍下熟悉幼儿园。我们追随幼儿的兴趣，捕捉活动过程中自然生成的话题，引导幼儿进一步开展探究、发现，帮助他们认识幼儿园里丰富的活动室。

在参观幼儿园的过程中，我们鼓励幼儿与其他班的同学和老师交往，希望通过这样的交流，帮助幼儿认识自己的同伴，结交同龄朋友，与更多的老师和小朋友们建立联系。通过亲身体验的方式，让幼儿知道幼儿园将是自己以后学习和生活的场所，这里有许多有趣的地方，每个地方都有独特的作用，以此帮助幼儿建立安全感和归属感。

晨间自主入园是培养幼儿主动性和独立性的活动，也是幼儿适应集体生活的一个重要环节。入园第一周，有部分幼儿已经能够在教师的鼓励下独自走进班级了，另一部分对于入园比较抗拒的幼儿，我们则积极想对策去引导。

为了帮助幼儿认识入园到班级的路线，我们将班级里的幼儿分成3组，班级教师陪伴幼儿去探索沿路的班级、场景，幼儿看到熟悉的场景和设施会兴奋地和同伴介绍。一些不愿自主入园的幼儿经过这次分组活动后，开始尝试离开家长独自进园或和同伴一起入园。

在幼儿初步熟悉了幼儿园一楼后，我们设计了一个小挑战游戏，目的是鼓励幼儿大胆走出班级，去找一找幼儿园一楼的各个活动室。游戏提供了一些任务卡片，卡片内容包括：到其他班找自己的朋友、到保健室领创口贴、向其他班的老师借物品……在接任务时，幼儿们都跃跃欲试，但需要他们独立完成时，许多幼儿则有些犹豫。于是我们灵活调整策略，请幼儿找个好朋友一起来挑战。

初次挑战时，幼儿有些胆怯，在明确知道老师不会陪同后，他们只好鼓起勇气去完成。当完成挑战的幼儿带着兴奋的笑容回到班级时，成功的喜悦让他们与幼儿园的联系更近了一步。

在这个游戏中，教师起到了支架的作用，助力幼儿进入新的发展阶段。但在活动中也发现了一些需要调整之处：

首先，幼儿需要提高沟通能力。许多接受了挑战的幼儿，在遇到需要和他人交流的情况时，很少能够顺畅地表述自己的想法，大部分幼儿因为害羞或不知如何开口，而需要成人先问些问题来引导。

其次，活动形式个别化，无法面对全体幼儿。有些任务属于生活中的突发事件，一次性完成后很难再次遇到，有的幼儿无法体验到游戏的全部过程。

针对幼儿当下出现的问题，我们生成了下一步的课程内容，来帮助幼儿解决问题，支持幼儿的进一步发展。

我们利用午后散步和自由游戏的时间，带领幼儿到幼儿园的各个工作室参观，鼓励幼儿认识园内主要的工作人员，观察他们是如何工作的，和他们进行简单的交流和互动，让幼儿认识他们，从而敢于和园内其他教师、工作人员交流。

为了让更多幼儿都能体验到挑战的过程，在认识了幼儿园里的各种人员之后，我们调整了任务形式，选择了四个对幼儿来说较为常用的活动室——"保健室""亲子园""体育器材室"和"公共洗手间"作为主要的任务地点，设计了可以重复完成的小任务和相应的打卡墙，幼儿在去过一个地点后都能自己用贴纸的形式来记录已完成的任务。

这样的游戏形式让更多幼儿有机会走出班级，也给了他们自主选择的可能性。能力强一点的幼儿能够自己选择，决定今天去哪个地点，和谁一起去，做些什么事。

同伴之间的影响对幼儿的能力提升也很重要。我们引导能力强的幼儿作为领路人，以帮带的形式给一些表达能力或者方位意识不强的幼儿带来更好的游戏体验。几次之后，幼儿离开班级时不会像之前那样紧张，与人交流时基本能表达清楚需求，在完成各种小任务后也体验到了更多成就感。这些都有利于帮助幼儿认识到自身的能力，增强自信心。

这样以任务打卡的形式，可以帮助幼儿树立任务意识，让幼儿更好地融入集体。

当幼儿对幼儿园逐渐熟悉起来后，部分幼儿对幼儿园里的路线产生了兴趣。在建构活动时，他们很喜欢"铺路游戏"，于是我们提供了薄木板积木、小块KT板等多种材料，鼓励幼儿自主建构。

在发现幼儿铺的路有一定的方位体现后，我们又提供了幼儿园大门和一楼各活动室的图片、标签等，引导幼儿在小路边建构房子，尝试根据现实生活中的场景进行建构游戏。

有的幼儿还会用自己建构好的路线来开展情境游戏，一人拼一辆小车在小路上开，开到隔壁班级做客，开到食堂吃饭，开到保健室检查身体……从这些游戏情节中，可以发现幼儿对这些活动室的功能也有了比较准确的认知。

当然，我们也会家园携手共育，引导家长平时多鼓励幼儿与其他家庭成员分享自己在幼儿园中的见闻。建议家长在与幼儿交流的过程中，以积极的态度进行正面引导，从而激发幼儿对幼儿园和班级的自豪感，消除幼儿的紧张感，让幼儿渐渐喜欢上幼儿园。

我们还向家长分享了亲子游戏"探索新区域"，让家长和幼儿一起以游戏的方式去家附近的小公园、超市等地探索发现，激发幼儿的探索兴趣。回到幼儿园后，请幼儿将自己的新发现与同伴分享，让幼儿在探索新环境的游戏中获得成就感并提高对不同环境的适应能力。

"小脚丫走进幼儿园"一系列活动的实施，让幼儿通过直接感知、亲身体验、动手操作，在行走、经历中熟悉幼儿园环境，认识幼儿园工作人员，初步学会了与同伴交往，适应集体，形成了初步的安全感和归属感。同时也促进了幼儿社会适应与交往能力、语言表达能力、科学探究能力等多方面能力的发展。

在这一系列活动的开展过程中，我们时刻关注幼儿，了解幼儿的动态与变化，根据幼儿的需求和兴趣不断调整内容，支持幼儿的进一步发展。在投入新材料、开展新游戏的时候，我们会尤其关注幼儿的反应，以判断内容是否适宜。

以幼儿的真实问题为导向形成的课程更贴近幼儿生活，在尊重幼儿兴趣和需要的前提下实施，既解决了实际问题，又让课程更具操作性。在课程活动的实施推进过程中，不仅幼儿在发展，我也在不断思考和成长。

工作中经常会遇到帮助幼儿入园适应、培养幼儿良好行为习惯、建立班级常规等方面的问题，前辈们虽然提供了许多有效的方法、策略，但我们不应拿来就用，而是在实践中结合现下实际情况进行创新思考，找到更适合班级幼儿的解决方式。

班级管理、家园沟通、教学研究等工作贯穿了我的生活，有人说幼儿教师的职业幸福感来源于幼儿，对于我来说幸福感不仅来源于幼儿，更来源于自身的专业成长。

现在，我更热爱我的职业了，我不会停下学习的脚步，会珍惜每一个实践和挑战的机会，充实自己，帮助每一位幼儿度过快乐而有意义的童年。

（江苏省无锡市观山实验幼儿园　孟琳娴）

呵护"在逃"公主

今年是我工作的第五个年头,我送走了从教生涯的第一届毕业班,迎来了新一届的小班幼儿。

本以为五年的工作经验能让我游刃有余地应对新一届小班,虽然每个幼儿都不一样,但我相信熟能生巧。然而,实际的情况是,我们无法预测会遇到什么困难和问题,更不能按部就班地照计划应对。

在新小班中,有一名幼儿让我很苦恼。

她叫沐沐,每天入园都要哭闹不止,对幼儿园很抗拒。开学第一个月,基本都要老师抱着、拖着,沐沐才能勉强进入幼儿园的大门。

每天早上,沐沐都要含着眼泪挥手和爸爸妈妈说再见;沐沐的妈妈也舍不得幼儿,每次说完再见后,又返身回来再来一次飞吻告别。这样导致沐沐的情绪更容易激动,经常哭着、扭着,小小的身躯似乎想要逃离这一切。

每每看到这一幕，我都非常心疼沐沐。

为了提高自己的专业能力，灵活应对幼儿的分离焦虑，我梳理了以前的学习资料，又特意从网上搜集相关信息，从他人的经验中汲取知识。

而后，我利用放学后的时间，同沐沐的母亲进行了沟通，询问沐沐入园之前的情绪状况。沐沐妈妈说，沐沐以前的性格是活泼开朗的，也很听话。因为担心上幼儿园会不太适应，家长在半年前让她在无证托幼所上了半年的困难班，可谁知沐沐在这半年间性情大变，变得不爱说话，也不喜欢笑了。

谈话间，我能感受到沐沐妈妈对教师的不信任和对现在教育环境的怀疑态度。她这种焦虑和不理解的心情我能理解，可能是因为她不了解幼儿园的情况所致，于是我向沐沐的妈妈简单地介绍了幼儿园的基本情况和办园特色，并把以往丰富多彩的活动照片和小视频向她展示，让她初步树立对我们的信心。

随着了解程度的加深，沐沐妈妈也向我简单介绍了沐沐的喜好。我也得知，沐沐很喜欢小动物，家里还养了小猫。

正好幼儿园有很多小猫图案和雕塑，于是此后在幼儿们吃过饭散步的时候，我会带着他们寻找小猫，这也是沐沐每天最开心的时候了。每当她找到小猫图案，都会兴奋地拉着我的手。

我问沐沐："你为什么会这么喜欢小猫呢？"

沐沐说："因为小猫很可爱，妈妈说我是家里的小公主，我家的小猫很喜欢我，所以我也喜欢它。"

我说："老师也很喜欢你，那你每天坚持来上幼儿园，不要再做逃跑的小公主了，好不好？"

沐沐只是点了点头，没说话。

我知道，虽然已经开学一个多月了，沐沐仍然没有适应幼儿园的新环境，缺乏安全感。

于是我利用她喜欢小猫这一点，对她说："幼儿园的小猫也很喜欢你,只要你每天坚持来上幼儿园,老师就带小公主沐沐去探险,我们一起找幼儿园里有多少只小猫,好不好?"

沐沐开心地笑了,说:"好啊,好啊!"

每天吃过饭散步的时候,我用手机拍照记录着和沐沐一起寻找幼儿园里"小猫"的过程,并将这些发给沐沐的妈妈分享。

沐沐妈妈知道我和沐沐一起找"小猫"的约定后,非常感动,她说沐沐很幸运能来到这个充满爱的集体,她很感谢我对沐沐用心和细致的关爱,同时也对之前的质疑感到惭愧。

我和沐沐妈妈说:"我非常理解家长的心情,老师会关心和爱护班级里的每一位幼儿。如何面对人生的第一次分离对每个人来说都是一次必经的修行,让我们家园合作,用爱和理解给幼儿面对分离的勇气吧。"

沐沐妈妈表示一定会尽力配合我的工作。

亲其师,信其道。在我的鼓励下,沐沐妈妈学会充满信心地送沐沐入园,和沐沐说完"再见"之后就离开,不再"一步三回头"。同时,家园合作才能事半功倍,我提醒沐沐妈妈在家对沐沐进行心理疏导:每天睡觉前和沐沐一起看在幼儿园散步时候"找小猫"的照片,请沐沐说一说"找小猫"的趣事,用积极正面的语言肯定幼儿的表达。

这一次,我是在以往经验的基础上再学习,有了更多的收获。

但学习是无止境的,因此在工作之余,我又看了许多书,增加自己的知识面,这不仅有助于自身素养的提升,还能积累与家长沟通时的共同话题,使我与家长的交流更为顺畅。

为了使沐沐尽快熟悉幼儿园,我在班级的读书区设立了"好书推荐"的板块,针对性地选择相关绘本,帮助幼儿建立对幼儿园美好生活的好奇和向往,逐步帮助沐沐淡化分离焦虑。

同时,我也尝试发挥幼儿园阅读特色,鼓励幼儿和家长在家一起爱上阅读,于是制作了"亲子爱阅读"的展板,家长可以通过这个平台谈一谈阅读对于幼儿成长的积极影响,也可以分享近期读到的育儿类的好书。

就这样，沐沐入园时渐渐不再哭闹了，虽然眼里还会含着泪花，但也愿意主动和我走进幼儿园了。

每当这时，我就会俯下身在沐沐耳边对她说："小公主的眼睛可是不能下雨的喔，今天老师还带你去找小猫咪；放学时，妈妈会第一个在学校门口接你的。相信老师，好吗？"

沐沐紧紧握着我的手，点了点头，眼神里满是信任。

作为教师，我们应怀揣着一颗仁爱之心，将"教"与"育"相结合，点亮幼儿的星空，让他们在关爱中快乐成长；应该握有一颗"仁爱"的种子，把这颗种子种到每个幼儿的心里，让善与美在他们心里开出小花。另外，教师要不断学习，保持"学无止境"的意识，不断提高自身专业能力，积极面对一切挑战。

（江苏省南京市兴宁幼儿园　杨冉）

教育长河中的"源源活水"

南宋朱熹曾言:"问渠那得清如许?为有源头活水来。"一片池塘,需要有源头活水的不断输入,才能清澈如许,永不枯竭。同样,一条河流需要不断有涓涓细流的汇集,才能一路向前,奔流到海。我们的教育也是如此,一直有新鲜活力的注入,才能走得更长更远。

以幼儿为中心

很多人都有这样一个错误的想法,认为老师肯定喜欢那些乖巧的、聪明的孩子,上课提问也只叫他们,平时机会也多给他们一些;而不喜欢那些学习不好的孩子,上课时也不会叫他们回答问题,怕他们回答不出。其实并非如此,试问,如果只有几个人在回答而其他孩子没有表现的机会,这样的课堂会有活力吗?

记得在工作的第一年，我的注意力往往会放在那些比较有"灵气"的幼儿身上，上课的时候往往会请他们来回答问题，特别是在上公开课的时候，当一个问题提出后，我较多看向平日里经验丰富、回答问题正确率高的幼儿，而那些反应较慢的幼儿我往往会忽略。由于我的错误观念的影响，可想而知，结果当然是不会好——课堂上乱哄哄的，幼儿们各说各的，注意力也不集中。为此，我感到很烦恼。如何才能够提高幼儿的注意力？怎么样才能让集体活动有活力？

在教研和课程培训的过程中，我渐渐意识到教学要以幼儿为中心，同时要注意考虑到幼儿之间的差异，满足每个幼儿的不同需要。自此以后，在教学活动开展前，我都要先了解幼儿的经验、水平以及该年龄段的特点，在这基础上进行教学目标的设计，让幼儿通过活动能获得更多经验。

在设计教学活动时，教师要注意问题的开放性，使每个幼儿能够积极地进行思考；问题设计得有难有易，让不同层次的幼儿都有机会回答问题。"一花独放不是春，万紫千红春满园。"好的课堂是要让所有幼儿能够积极思考，大胆表达。

在上课之前，教师也要考虑如何创设教学环境。比如，座位怎么摆放更方便幼儿看到前面，教具怎样摆放更方便幼儿拿取，在和幼儿互动的过程中如何让幼儿都能参与其中，使用哪些语言能够激发幼儿的兴趣……

幼儿的能力是在不断发展的，即使幼儿的学习暂时没有达到教学目标，教师也不能够着急，要给幼儿成长的时间，同时要提供各种不同的机会来帮助幼儿进步。

通过这一系列的实践，一次次调整方法和策略，课堂上发言的幼儿渐渐多了起来，他们积极地说出自己的想法，大胆地进行表达。课堂不再是以往只有个别幼儿回答问题的局面了，教学活动也更有活力了。

适时变换教学策略

那么，如何让幼儿能够各方面全面发展呢？教师通常很重视集体教学活动，而忽视其他部分。实际上，幼儿园一日活动皆课程，每一个时刻都是一个教育契机。

比如饭后散步时间，个别幼儿在参观别人菜园的时候，将其他班级种的还未成熟的番茄采摘了。对此，教师如果一味批评，对幼儿的发展并没有多大帮助。教师可以设置一个问题，如"番茄是怎么种出来的？"请幼儿回去查找资料，了解植物生长过程，以及种植时需要如何照顾等，这样幼儿不仅可以掌握一些植物生长的知识，同时也能学会尊重他人的劳动成果。

斯宾塞曾说过："教育中应该尽量鼓励个人发展的过程。应该引导儿童自己进行探讨，自己去推论。给他们讲的应该尽量少些，而引导他们去发现的应该尽量多些。"可很多教育活动往往是重视结果，而忽视了幼儿学习的过程。

比如在组织美术活动时，很多教师往往会出示一幅范例，然后让幼儿照着范例绘画，因此幼儿的作品往往是千篇一律，而评价标准也是看小朋友画得和范例像不像。幼儿没有自己观察、欣赏、创造的过程，这样的教学模式不仅会限制幼儿的思维，也让美术活动变得平淡无奇，没有惊喜和乐趣可言。

对此，我尝试改变教学方式，创设适宜的情境，让幼儿在情境中发挥主观能动性，主动地进行体验、学习。如在音乐活动"变石头"中，我选择了幼儿喜欢看的动画片作为情境，让幼儿扮演里面的角色，在故事的情境中辨听音乐的不同，尝试用不同的动作来表现音乐的变化，体验游戏的快乐。

创设的情境不仅要贴近幼儿的生活经验，还要符合幼儿的年龄特点，让幼儿在情境中遇到问题时自己想办法解决，这样的学习是幼儿主动的学，是具有活力的学。

我们教育的对象是幼儿，不能使用一成不变的方法来进行教育教学，一定要有"变"的思想，不断地变换教育方法、教育手段，不断地变换教育语言，去吸引幼儿，让幼儿能够在教学活动中思维活跃、积极参与，做真正的主人。

教师要认清自己的角色，我们要做的是引导者、支持者，引发幼儿去思考、去探索、去发现，让他们在这个过程中去不断收获、茁壮成长。这样，幼儿才能够具有源源不断的活力，他们在学习时才能够孜孜不倦。同时，教师自身也需要不断学习，做一个有心人，关注幼儿感兴趣的事情，从而发现孩子的兴趣点。

教育是涓涓不息的长河，让我们为其注入源源不断的活水，使教育之河长流不息。

（上海市浦东新区雪野幼儿园　孔佳）

一树又一树花开

今年已是我任职幼儿园一线教师的第十个年头，在幼儿园工作的年限越长，越觉得肩上的责任重大。虽然我只是一名普通的幼儿教师，但在平凡的岗位上，我用慈爱呵护纯真，用智慧孕育成长，用真诚润泽心灵，用希冀放飞理想，六九冰开，七九燕来，努力灌溉出一树又一树花开。

爱与严

在幼儿清澈的眼里，口渴时老师递去的一杯温水是爱，吃饭光盘时老师在额头贴上的一张贴纸是爱，举手发言时老师投来的一个眼神是爱……幼儿需要教师之爱，我也爱我的"幼儿们"。

在我的班上，有"淘气"的幼儿，但我发现他经常乐于助人，帮同伴拿书或是搬椅子；有"话痨"的幼儿，但他思维敏捷、思路清晰，上课时总能第一个举手；有"爱哭"的幼儿，但在区域活动时能迅速组团，大胆思考，用心操作……所有"不完美"的幼儿都是这个世界上独一无二的存在，每一颗童心都需要足够爱的呵护才能萌芽长大。

我尊重每一个幼儿，洞察他们的细微变化，用宽容的心态理解幼儿，用广阔的胸怀接纳幼儿，用有趣的语言取悦幼儿，用快乐的心绪去影响幼儿，爱幼儿、知幼儿、懂幼儿，发现幼儿的闪光之处。

老师事事亲力亲为、包办代替，阻断幼儿自己"学习"的能力，那不是爱；过度小心谨慎，不让幼儿动手尝试，亲自感受，亦不是爱。爱幼儿，需要智慧。懂得放手、适时放手，才是爱的智慧。

幼儿新入园时，考虑到幼儿们端不稳餐盘可能会造成食物撒落且耽误时间，由老师代为端餐盘到幼儿座位前。入园两周后，分离焦虑基本缓解，幼儿们逐渐开始适应幼儿园生活，我随即开始尝试"放手计划"——教育幼儿如何排队、如何双手抓餐盘端饭。

刚开始尝试时，有一个小朋友不小心让餐盘掉落了，饭菜撒了一地，她伤心地哭了。我一边帮她清理一边温柔地安慰她："没事，再端一份。"在我的鼓励下，她重新鼓起勇气，再次尝试去端餐盘。这回她双手端得稳稳的，顺利地回到自己的座位上，从那之后便学会了自己端饭。

我深知授人以鱼不如授人以渔，我爱我的幼儿们，所以我才要更用心地引导他们自己学本领。

工作与家庭

青年教师，无论婚育与否，在幼儿园里就是幼儿们共同的"妈妈"。其他工作可能有明确的"上下班"之分，但是幼师却没有。有些幼儿在家不睡觉，家长就会请老师发语音"督促"一下；有些幼儿放假时看到什么新奇好玩的事情了，也会实时跟老师分享。只要能看到幼儿在进步，哪怕只是涓滴的成长，我们也会欣喜万分。

褪去教师的光环，在现实生活中，我也是自己的小小家庭中的"妈妈"。我努力平衡这两个"妈妈"的角色切换。

爱在左，责任在右，每一方都应在手里抓牢。不管是事业还是家庭，既然选择了，就要有勇气承担，寻找平衡点，与其自怨自艾，不如充实自己，在工作和家庭中都做最好的那个自己。

育人与育己

十年之计，莫如树木；终身之计，莫如树人。除了家长，幼师是幼儿在其成长过程中接触最早的"引路者"，幼师师德对幼儿的影响不仅局限于其幼儿园的成长阶段，其影响可能是终身的。

育人首先正己，身教胜于言传。很多幼儿在家会把家长当小朋友，自己则当起了"小老师"，模仿老师在幼儿园的一言一行。在幼儿们眼里，教师是幼儿园里最瞩目的焦点人物，不仅是他们在园日常生活的监督者，还是他们的行为榜样，老师的一言一行、一举一动均会引起幼儿们的强烈关注。因此，幼师必须时刻以身作则，率先垂范，发挥榜样作用，助力幼儿良好品性的养成。

日思日睿，笃志笃行。某种程度上，在幼儿教育实践活动中，老师的一个微笑，就能进入幼儿的心灵，融化其中的坚冰，帮助幼儿愉快地进行探索与实践。相反，一句不合适的言语也可能在幼儿的内心留下伤痕。因此，教师要不断完善自身师德素养，将自己的人格美、思想美作为德育教育的有效工具，渗透在一日活动中去影响幼儿，把教学活动和育人实践两个方面和谐地统一起来，促进幼儿健康成长。

工作与学习

自我毕业实习到稳定工作，我所处的几个幼儿园的师德师风建设各有千秋，各园所都以各种特色活动来助力德育教育，令幼儿受益不少，也让我收获颇丰。以我现所在幼儿园的特色活动为例：

一是组织研学活动。组织幼儿去水果基地采摘、去茶园采茶以及参观气象站等，在对大自然的体验，汲取相关知识并养成积极主动地探求新知识的习惯。

二是开展主题活动教育。二十四节气美食教育、节日庆祝活动……幼儿们从一次次主题活动中吸收到良好的"养分"。

三是慰问福利院。组织幼儿通过游园会、跳蚤市场等活动赚取一定"酬劳"并用其购置玩具、书包、图书等物品，捐献给社会福利院；组织大班幼儿编排节目为福利院老人送温暖。

四是开展安全教育。定期开展消防演练，培养幼儿自我保护意识和能力；通过角色体验，让幼儿学会关爱别人、帮助别人。

与每一届幼儿的相处，最多不过三年，但以灯传灯，心灯不灭。教育无小事，爱与教育从来都是一路同行，走在可爱稚童的两旁，细心播种，静候花开。

（湖北省咸宁市直属机关幼儿园教师　郑媛）

美丽的坚持

2012年,我成为幼教队伍中的一员,那时既兴奋于要面对一份新的工作,又对即将要迎来的挑战而感到惴惴不安。内心的紧迫感,让我清醒地意识到:想快速融入这个大家庭中,就要以一种积极进取态度,加强对外部世界的学习吸收和自身内在修养的提升。

做一只快乐的陀螺

步入幼教岗位后,我将白天八个多小时的工作时间安排得满满当当,行政事务管理、日常教学管理、外出培训学习等等,每个工作日都被安排得满满当当,一切都是新鲜的体验,但也容不得半点疏忽,我感觉自己就像个永远转不停的陀螺。

当一天八小时工作结束,身边停止了喧嚣,夜幕降临,我躺在床上,回顾这一天的言行,常常会因为说错一句话辗转难眠,也时常在半睡半醒间因为突然想到某个问题的解决之策而兴奋得彻夜未眠。

"读书"曾与我"毫不相干",如今却成了我良好的习惯,我会经常阅读一些有关幼儿教育的杂志,拜读同僚们的工作感悟。可以说,这份工作已渗透到我的生活里,朋友们也常取笑我三句不离"幼儿园"三个字。但一切都是自己的选择,我的内心其实是快乐与幸福的。

我就像种植在花园里的雏菊,平凡而又普通,静静吸收着阳光,等待雨露的滋润。因为我心中有一份不灭的信念,那就是:

既然选择了前行,我就要坚定上路;

既然选择了攀登,我就要义无反顾;

既然是一只陀螺,我就要快乐旋转。

喜欢和幼儿黏在一起

当我把工作作为生活的重要组成部分,并与生活交融在一起时,它们带给我的是身心的愉悦和自由。

循着生活的脉络,通过一次次培训与接触,把自己与幼儿自然而又紧密地联系在一起,生活在一群天真可爱的幼儿中间,是幸福的:

瞧,幼儿用各种材料进行着艺术创想,拼摆着自己的设计方案,有手指点画、树叶画、橘子皮拼接画、种子粘贴画等等,他们既是在游戏,又是在创造。

再瞧,平时多见的废旧纸箱、木棍、报纸、易拉罐等,被设计、制作成各种各样的玩教具;追随着幼儿感兴趣的话题,组织了一个个精彩的活动……

许多活动我都参与其中,我喜欢和幼儿黏在一起。我会让幼儿讲述他们自己的作品,这样自主参与的活动,幼儿们既动手又动脑,也玩得高兴,每个幼儿都能在积极主动的活动中获得发展。

关心尊重每一位教师

很长一段时间,我总是自我感觉良好,完全沉浸在自身适应与成长的满足感中，沉醉于每一次小尝试带来的成功。蓦然回首时，才意识到自己原来还是一个管理者，我更需要的是团队的发展，如果永远以自己为圆心，团队则会没有向心力和凝聚力。

那么，我与我的团队将如何在幼教这个特殊的岗位上共同成长呢？

幼儿教师这个群体中的每个人都极富个性色彩，她们的知识、经验和特长不是孤立地发挥作用的，需要加以整合群体的力量使之发挥多种效能。

身为管理者，我更要切实注重在园内建设良好人际关系，增进相互沟通与了解，创造各方面之间的和谐氛围。作为年轻的园长，我尊重每一位老师的建议或意见。我时常保持着乐观主义精神，凡事不斤斤计较，不耿耿于怀。

渐渐地，我与我的团队经历了从最初的陌生到熟悉，再到后来愈加默契的过程。

一园之长，有时更像是一位大家长，园长没有一点奉献精神，没有一种服务意识，是很难为幼儿园营造出良好的学习和工作环境的。只有以身作则，树立榜样，不搞特殊化，并时刻把每位教职工的冷暖放心上，尽职尽力，为大家服务，才能赢得大家内心的接纳和认可。

让每一位幼师都做幸福的守望者

在外界眼中，幼儿教师是个美好的职业，认为幼儿教师应该是最快乐、最幸福的，因为她们可以天天与活泼可爱的孩子们一起开心地玩耍。但随着日复一日机械重复地工作，面对单调而枯燥的内容，一些从事这行多年的老教师，已进入她们的职业倦怠期，身体和心理的变化，使昔日敬业的"孩子王"变得焦虑而唠叨。为了解决这一问题，我多方努力，思得以下良策：

首先，让教师参与决策。我们建立了民主机制，保障了教师对园内重要事情的知情权、参与权和决策权。营造民主的氛围，让教师体验到被重视的感觉，通过寻找自身的发展价值来调动工作的积极性。

第二，让教师发挥潜能。充分发挥教师的兴趣和特长，如擅长教研活动的老师，让其担任负责课题研究、教研工作的组长；有绘画特长的老师，负责简笔画培训以及对走廊、幼儿园室外的整体设计；擅长舞蹈的老师，负责舞蹈基本功培训和节日活动排练；擅于讲故事的老师，可参加幼儿教师演讲比赛的角逐，以及担任幼儿"故事大王"等活动的策划。这一系列实践活动，让每位老师看到自己在幼儿园的价值所在，促使他们全身心地投入到工作中，体验到职业幸福感。

第三，让教师体验成功。我打破了以往老教师为班主任、新教师见习的任教格局，改为"新教师实习，老教师指导"的帮扶结对行动。这样，老教师长期默默的付出，可在新教师工作能力的提升上得到体现，使新老教师都在体验成功的快乐中不断成长。

第四，让教师心情放松。在紧张工作之余，我们经常开展丰富多彩的活动，使教师放松身心、增进情感。我会在适当的季节组织踏青、秋游，组织乐意赶海的老师捡沙蛤、海螺、海蛎子等，组织年轻教师摘草莓、吃樱桃；在园内组织各种茶话会、体育活动，如跳绳、踢毽子比赛等娱乐活动。通过这些活动，愉悦精神，凝聚人心，遏制职业倦怠感的蔓延，让每一位教师都做幸福的守望者。

作为新园长，要想工作面面俱到，那自然是有很大的压力，有时我也会向家人、好友倾诉，以此疏导自己的情绪。但很多时候，压力会成为动力还是阻力，取决于你以怎样的心态去对待。如果一个人没有正确的价值观引导，就会像在黑夜中行路一样，虽然不停地向前走，却看不见也控制不了自己的方向。

生命是一个奋斗的过程，我们需要的是平和的心态，积极进取，坚定信念，在奋斗的过程中积聚能量，努力实现人生价值。

（山东省荣成市世纪小学幼儿园　王翠萍）

责任，让我在幼教之路乘风破浪

2003年，是我人生中的一大转折点，大学毕业后的我告别家人，孤身一人来到郊区一所公办的乡镇幼儿园就职。至今，我已坚守在幼教岗位18年，从当初的青涩走向成熟，由一名普通的幼儿教师成长为幼儿园的副园长。

18年的幼教生涯中，有过孤独与无助，有过徘徊与动摇，曾几何时，想要放弃，想要回归原点。但冥冥之中有种力量，推动着我前行。我想，这就是责任的力量。18年来，我始终保持初心，坚持"责任"的力量，实现一次次蜕变。

责任促我自省，让我沉淀

记得初为人师的我，面对淘气的幼儿，常常因找到不合适的管教方法而沮丧不已；面对家长不同的需求，因无法一一满足而焦虑不安；而对班级日常繁杂的管理事务，常常无法安心入睡。

直到有一天，园长找到我，和我长谈一次，她耐心倾听我的困惑，悉心给我指点迷津，她说的一句话让我至今印象深刻。她说："作为一名幼儿园老师，应学会成为幼儿的玩伴，成为幼儿的导师，欣赏、认同幼儿，陪伴幼儿成长，这是你的工作，也是你的责任。"

园长的一席话像一缕春风，将我的烦恼统统驱散，让我的心顿时沉静下来。是呀，班级管理的问题，不就是因为自己缺乏经验嘛；家园沟通的问题，不也是由于自己不够细心嘛！责任，多么重要，责任心是幼师最重要的品质之一。

从那以后，我转变心态，坚持每天和幼儿交谈，坚持记录幼儿点滴的变化，坚持向有经验的老师讨教，同时借助各种资源提升自身思考力，在不断尝试的实践中积累经验。思行结合让我快速成长为一名合格的幼儿教师，在助力幼儿成长的同时，也获得了家长的认可。

这就是责任的力量，责任促我自省，让我沉淀。

责任促我思考，助我成长

工作第三年，我被破格提升为教研组长。面对一群比我大的姐姐，该如何引领组室工作、如何建立与同事的良好关系，心中一系列的困惑让我倍感压力。我知道，这是园领导对我的信任，也是对我职业的考验，我唯有不断提升自我，才能更好服务于大家。因此，我通过内外兼修的方式，全面提升自身的业务水平及组室管理的能力。

在担任组长期间，我把握学习的机会，一方面参加区级的新手教研组长研修班、区骨干雏雁组，在向同伴学、向专家学的过程中，提升自身的专业能力及组室管理的能力。另一方面勤于沟通，对于组室研讨的话题，通过组员们的共同商讨和向业务园长请教，基于问题确定研究专题，在组织教研活动中坚持做到"做得比别人多，想得比别人深",努力提高教研的实效;在组室管理中不断积累经验,创新教研的形式,扎实推进教研工作。

另外,还要发挥组长的引领作用。记得有一年,园所推荐我所带领的教研组参加组室的评优活动,这对于从未有过参赛经验的我来说又是一次大考。但我转念一想,组长理应承担组室管理的责任,理应把握每次锻炼的机会,我何不将此次评优作为一次组室提升的机会。于是,我先行思考,再发挥"众人拾柴火焰高"的力量,从选题到定稿,再到PPT的呈现,组员们群策群力,最终我们取得了"区优秀教研组"的荣誉称号。

这就是责任的推动,责任促我思考,助我成长。

责任推我向前,促我成熟

工作第十年,我竞聘成为了一名业务管理者。作为幼教工作的多年从业者,我深知业务管理者肩上的责任。业务管理关系到园所的保教质量、幼儿发展及教师发展等方方面面的事,这是幼儿园发展的主阵地。

面对如此大的责任,我化责任为动力,更加勇往直前。我知道,教师的发展是业务管理的核心。人对了,心就齐了;心齐了,事就成了。业务管理者唯有心中想着教师,护着教师、关心教师,才能让温情永驻人心。

一名合格的业务管理者,也应是教师们的好伙伴与好导师,指引着教师们前行的方向,点燃着教师工作的激情。工作及生活中,我都潜心做一名乐于陪伴的管理者。当青年教师在撰写资料中存在困惑时,我会主动指导,并且悉心进行分析,帮助青年教师积累撰写的经验。当教师们创设环境存在困惑时,我会深入到班级,与她们共同出谋划策,分析环境创设的关键要素,帮助她们了解环境创设的方法。当教师留下加班顾不上吃晚饭时,我会默默陪着她们,有时也会送上简餐或点心；虽然只是一份小小餐点，但是代表一份问候，代表一份关爱，给她们送去温暖。

  在做业务管理的 8 年中，我不仅积累了业务管理的点滴经验，更加收获了教师们的信任与支持，在队伍建设、课题研究、幼儿发展等方面都结出一个个硕果。

  这就是责任的感召力，责任推我向前，促我成熟。

  在日常教育教学及管理工作中，我将继续坚守这份责任心，树立育人的责任感，在幼教之路上乘风破浪，努力塑造更加优秀的自己。

（上海市松江区蓝天幼儿园　毛雪芳）

心静，行不止

时光如水，潺潺而行，带我进入了幼儿教育这一事业。流萤染夏，稻陌拾秋，满载着付出和期盼，伴随着学习和坚持，时间见证了我的积累和成长。

时光回溯到五年前的一天，当我手持聘书站在学前教研中心成员聘任仪式舞台上的那一刻，我的内心倍感珍惜，知道这是迎来了自己成长的机会。此后，我担任学习故事教研组的组长，和团队一起开启了再学习的成长之路。

成为一名教研组长，起初感受到的是那份光荣带来的喜悦，随之而来的却是对未知的迷茫。因为学习故事是一个全新的理念，刚开始教研的一段时候，我始终没有进入状态，角色的突然转换和学习故事专业知识的匮乏，让我面对教研工作时无从下手。

但短暂的迷茫之后，我迅速调整了状态，翻阅资料、阅读相关书籍，吸取经验，然后主动学习一些团队建设的方法。我知道作为教研组长要有不断创新的进取心，要有决断魄力，要有宽容的精神。

有了自我的激励，我积极调节自己，端正态度，磨练自己，在失败中反省自己，在成功时给自己制定更高的目标。我努力学习，提升专业素养，从领导教研的能力上下功夫，力求每次教研活动有实效，激发教研的内驱力，从而带领组员们向研究型教师转变。

"教研有法，但无定法，贵在得法"，这句话是有一定道理的。每次的教研活动都是按部就班地进行着，教师们的故事也是一如既往地撰写着、分享着，但是每次听着分享的故事，总觉得虽形似学习故事，却无法给人留下深刻的印象，也就是说这种"为写而写"的故事，只是拘泥于形式却没有走心，总归是无法打动人心的。

我带领的团队成员都是在一线从教的教师。众所周知，一线幼儿教师的工作是琐碎且辛苦的，久而久之，一些不好的情绪就会堆积，如果没有一个正向的疏导，教师的内心就难以平静。可想而知，写故事的人如果无法静心沉气，那么写出来的故事自然就会是干巴巴的，没有充沛的感情。

因此，我认为，静心是团队中每个成员的必修课。

怎样让组员调节身心状态？我利用教研活动或是在社交媒体群中分享一些调节身心健康的方法，让组员们知道了负面情绪除了会引发疾病之外，也会影响内心和生活的状态，情绪没有适时得到释放，容易造成易怒、暴力、逃避、退缩、忧郁、麻木等情况。我传授大家一些面对挫折的方法、调节情绪的小妙招，教她们一些积极暗示、催眠放松的方式，慢慢地让自己的身心回到协调平衡的状态。

心中有爱，才能笔墨如馨，内心充满正能量的老师们写出来的故事才能富有情感、直击心灵。通过研磨与提高，我们组的教研成果在游戏（学习）故事评比、幼儿自主游戏观察记录评选活动以及创意建构游戏大赛幼儿教师专项技能评比等比赛中，成绩均名列前茅。

家长是幼儿最重要的陪伴者，也是教研活动不可忽略的参与者，家长们的教育观念和方法各异,我一直尝试着"唤醒"家长参与到我们的"学习故事"中。

为了让家长在第一时间了解到"学习故事"的理念,我们让家长与教师同步进入到"学习故事"中来,通过培训、家长开放日、撰写"学习故事",引领家长,从而改变那些落后的教育观念和方法,提升家庭教育质量,推动幼儿的全面发展。

我们以教研组为单位,分别制订培训内容,抓出"学习故事"的核心理念和关键词,介绍给家长。另外结合教师写的学习故事范例制作PPT,向家长详细介绍观察和记录的方法,引导家长去发现和了解自己的孩子。

有了理论支持的家长们,以图文并茂的方式,撰写出了孩子们在家的"学习故事"。我将这些特殊的"学习故事"悬挂在家教园地栏里进行展示。每天离园时,家长会带着幼儿伫立在告示栏前,读这些故事给幼儿听,或是自己的,或是别人的。

一页页普通的纸片,不只是故事的展示,也反映着一个个鲜活的儿童世界和一双双善于发现的眼睛。幼儿们这些生活中的故事,也成为饭前饭后,小朋友们爱听的朗读素材。

没有"瘾"的生活,总是过分平常,我们总需要一种类似执念、迷恋、热爱或沉溺的东西,努力实现、提高自我价值,持续成长。心灵的富足才是真正的富有,希望我继续"富有"下去,在积极入世、寻找价值的过程中不断成就更好的自己。

为者常成,行者常至!心静,行不止……

(山东省济南二机床集团有限公司幼儿园　张晓娟)

不断追逐明天

从开始工作至今,已有 8 年的时间,在这期间,我由一开始的紧张无措到现在的得心应手,由一名普通教师成长为一名教研组长。在这个工作岗位上,有过失落与迷茫,也有过充实与成长。

昨天的我——在快乐的追逐中迷茫

刚走进幼儿园的大门时,带着众人对我的期望,我立志要在以后的工作中崭露头角、出类拔萃,尽快成为幼儿园的教坛新秀。我憧憬着这个目标并为之努力着,但事情并不如我想象的那样简单。

心里盼望着自己也能成为一名优秀的教师,可我有很长一段时间却无所成就。当我看到其他同事在短时间里都有了进步,而自己却心有余而力不足之时,杂乱的心绪大大影响了我工作的状态。那时的我,看着别人的进步与成就，对自己理想和现实之间的差距，感到失落与迷茫。

今天的我——在快乐的追逐中成长

"青，取之于蓝，而青于蓝；冰，水为之，而寒于水。"作为新老师，我没有经验，可是我有干劲、有毅力、有好学上进的热情、有不屈不挠的精神……

对工作和生活有目标的人，才善于规划自己的人生，我给自己设立了目标，找准前进的方向。我清楚地认识自己的优点和缺点，明确知道自己想要什么，为了实现目标，可以去积极实践，努力奋斗。

我依然记得刚来幼儿园时，园长对我说的一句话："我看你有点内向。"我当时笑着回答说："我平时可能是比较内向的那种，但是在课堂上绝对不会。"在我组织的教学活动中，我就像一个孩子一样，所做的一切事情都出于本心，不刻意为之。可是随着身边与自己同期入职的老师们陆续展示自我并得到认可时，我开始意识到要主动争取了。

我当时给自己定的目标，是要在一年之内展示一节公开课。记得我的第一次公开课是一节综合活动——"在一起真好"，我利用磨课的机会对教案进一步分析，对幼儿的回答进行预设，把我要说的每一句话都写出来，教案至少修改了五六遍，上课的前一天晚上基本是一夜无眠，闭上眼睛脑海中冒出的全是一个个字符。不过好在正式上课时，我倒不紧张了，课堂上一个个环节很顺地衔接下来。

通过自己的努力，在师傅和年级组长的帮助下，我终于不负众望地完成了这个活动，得到了领导与同事的一致好评。在那之后，我又憧憬着自己的未来，相信自己不比别人差，别人能做到的自己也能胜任。

在快乐的追逐中，由于目标的驱使，我每天都在为研究教学设计而忙碌着。但在幼儿园组织的研讨活动中，我总是低头不语，尤其看到别人都在用理论支撑着自己的活动设计时，我发现了制约自己发展的瓶颈——理论水平低，总结和提升的能力不足。意识到不足之后，我开始行动，力求通过每一天的努力逐渐把自己的"特短"发展成"特长"。

经验不足就要多向老教师请教，自己也要多思考、多总结，这样才会不断进步。正是因为内心深藏着这样一份信念，所以一直以来，我都抱着积极主动的工作态度。一方面，我会主动地去听课。通过听课，我学会了更好地组织课堂，并找出存在的问题。另一方面，幼儿园还尽可能多地为我们安排外出学习的机会，每次听名师上课都让我大开眼界。

在向老教师学习的同时，我也不忘广泛地阅读各类教学书刊，这样不仅丰富了我的专业理论知识，也充实了我的生活。从一点一滴的付出中，我感受着学习的快乐，在快乐的学习中不断成长、进步。

至今，我已多次承担了园内外公开教学活动。每一次活动后，我都会进行总结，反思自己的活动设计是否合理、哪里存在不足、该如何修改等等，并把心得体会用案例的形式记录下来。园里每个月都要我们写一篇随笔，一开始时，我觉得压力很大，因为不知道该怎么写，但是随着教学理念和实践的结合，就慢慢发现有事可写、有话可说了。平时我把在课堂上发生的事记录在记事本上，空闲的时候就整理出来。不断的反思，让我不断地与自我对话，逐渐提高了我的教学实践能力，也让我体验到了成功的快乐。

回顾这八年来的教学之路，我深深地感受到个人的成长离不开自信的心态和刻苦钻研的毅力，更离不开幼儿园环境和教师群体所形成的强大的精神后盾。对于新教师，幼儿园的领导和同事们总是给予特别多的帮助和关怀。每当我遇到工作上的难题时，朋友们会支持我、师傅会鼓励我，并给我创造许多学习的机会。由于我在制作课件方面稍有优势，便利用这方面特长去帮助园内的教师做一些课件，只要他们有需要我的地方，我就会尽我最大的努力去帮助他们。

在学习的过程中，难免遇到失败和挫折，师傅总会对我说："成功和失败不过是过程中的一个小小片段，不断进取就好。"在师傅的鼓励下，我把失败当做一根绳子，用它来继续攀爬更高、更陡的山峰。在学习中成长，不断超越自己。

明天的我——在快乐的追逐中进取

不想当元帅的士兵不是好士兵，我深深地知道，一个人的成长和未来是用汗水浇溉的。我相信，只要我不断地努力进步，明天的我，就能有令自己欣喜与自豪的职业未来。心有多宽，舞台就有多大，但愿我和大家都能在教育的舞台上展示出生命的精彩！

8年的努力，让我从年轻逐步走向成熟，从腼腆走向活泼，也许自己和周围优秀的同事、名师仍有一定的距离，但我不会停止追逐的脚步。

（江苏省常州市新北区魏村中心幼儿园　贺丹英）

用心感受教科研的魅力

从来没想到当一名幼儿教师还要做教科研,总觉得科研离幼儿教师很远,研究应该是专家的事情,我潜意识里把"科研"与"高深"相联系。后来,当我入手实践后,才发现科研并非想象的那般高深莫测,科研就是"用我们的语言总结出我们的实践,用我们的实践提炼出我们的经验,用我们的经验体现出我们的成果"。科研就是不断"尝试—总结—反思"的过程。

现在,我徜徉在幼儿教科研工作的天地中,享受着科研的魅力,引领着全园教师幸福地走在科研之路上。

最开始我接触科研是工作需要的缘故。2001年,我担任了幼儿园的业务园长,科研工作就必须去做,尽管有些"惧怕"科研,但不得不面对现实。首先,我逼着自己读了一些科研书籍,开始觉得晦涩难懂,经常读到一半就不想再读。后来,索性不读专业读物,选择一些幼教专业杂志学习，希望从中摸索出做科研的路子。

当静下心学习了一些专家、名园长的论文和经验后，发现幼儿教师的科研就是把自己好的做法总结出来。幼儿园本身就是一个"实验室"，对幼儿、教师、家长、幼儿园等幼教相关事物的研究，其实就是"做事加思考"。有了这样的认识，感觉研究也不是那么"可怕"，于是开始带领老师们尝试做一些研究工作。在做科研的过程中，通过不断总结、反思，教师的教育方法得到了优化，教学能力也有所提升。

作为管理人员，要经常参加专家组织的讲座、学习和交流活动。在交流的过程中，我深深感受到并非我们做得不好，而是没有总结出实践经验。总结不够的原因是理论修养不足、写作水平欠缺。了解到自己的短板在哪里，就能够有针对性地学习和提高。我们开始阅读一些幼教专家的理论书籍，学习他人的经验，给自己打开一扇窗户，使思路更加开阔。

有了自信之后，待到时机成熟，我主动申请了"幼儿园安全教育行动研究"课题，揭开了我园科研新篇章。结题后，我与十几位参与课题研究的同事都被评为"课题研究先进个人"。

"幼儿园安全教育行动研究"是我们独立承担的第一个省级课题，从申请立项到成果鉴定等系列工作，我们都是边学边做，遇到不明白之处就查资料。我们踏踏实实地认真研究，严格按照计划去组织实施：前期调查问卷、中期教师征文比赛、优质课评选等活动的开展及活动后的及时总结，都有条不紊地进行。课题研究的内容充实，为幼儿园安全教育的开展总结了有价值的经验，同时也给我们极大的鼓舞。

后期我们决定把安全教育这一课题深化下去，申请了"提高幼儿教师语言艺术的行动研究"课题。从表面上看，"语言艺术"与"安全教育"似乎是不沾边的，而课题的实质内涵是通过语言的研究提升教师心灵的成长，因为"口乃心之门户"，恰当的表达同时能够帮助幼儿获得心理的安全感，所以"语言艺术的研究"也是"安全教育"的深化研究。

这两个课题的研究，使我们对科研工作有了更深入的理解。在选题的时候，我们需要考虑在幼儿园什么最重要、幼儿园老师需要的是什么以及课题研究结束之后能够留下什么。反复论证之后，大家一致认为幼儿园里"安全工作"最重要。虽然其他一些园对于安全工作已有不同程度的研究和经验总结，但我们考虑的是自己做的过程就是持续学习和提升的过程，通过研究能引起老师们对安全的重视，为今后幼儿园的安全工作积累更多丰富的、有价值的实践经验和理论指导。

在"提高幼儿教师语言艺术的行动研究"中，我们认识到教师与幼儿的互动、对幼儿爱的表达，依靠的就是语言。这个"语言"不仅指嘴上说的语言，还包括肢体语言、内在情绪的表现，这些对幼儿而言虽然是无声的，但在潜移默化中也影响着幼儿。

课题研究最重要的就是"做"，而无论是否在直接"做研究"，很多事情每天也都在"做"的过程中了。比如"安全教育"，即使不做课题，一些安全教育活动每天在幼儿园都要进行。课题研究的不同之处，在于思考总结怎样"做"会更好，在反复思考的过程中助力实践的"做"。所以课题研究中，一定要用心去做，用心去反思，用心去创新。

一次到班级里观察工作，幼儿们正在吃饭，我忍不住对幼儿们说："吃饭不要说话哦，可以快点吃。"说完之后我发觉不对，又想怎样说才合适。于是，我把这个问题在课题研讨时提出来，让大家进行讨论。这样交流之后，大多数老师在对幼儿提要求的时候都会有意识地做到措辞表达准确，给予幼儿积极的心理暗示。

积极面对科研，让我不再害怕科研；用心做科研，让我发现科研在幼儿教育中的重要性；收获科研成果，让我感受到了科研带来的成长和快乐。在今后的工作中，我会积极带领团队继续享受科研的魅力，幸福地走在科研之路上。

（山东省烟台经济技术开发区海晏幼儿园　王小丽）

教而不研则浅，研而不教则空

当教科室主任在会议上告知大家将举办"教科研伴我成长"的征文活动，希望大家踊跃参与时，我的内心是跃跃欲试。

可能很多老师对此都会感到诧异，这种自愿参加的征文活动大家都"能逃则逃"，因为平时要写的东西已经够多，几乎没有人想再给自己增加写作的压力。但因为科研让我尝到了太多的"甜头"，所以我即使在忙碌的工作中，对这样的征文活动仍抱有热情。

说起科研之路，我可是经历了"一无所知—走进科研—萌生好感—欣然接纳—体验收获—感激科研"，这样一个漫长的过程。

一无所知

想起刚来到幼儿园的时候，对于什么是课题、什么是科研报告，我一无所知。只知道谁的课题立项了、谁的论文获奖了……见识短浅的我认为这些课题立项和论文获奖就是科研了，觉得这样的科研离自己很远，甚至一度认为只要踏踏实实做好本职工作，让幼儿得到发展、让家长感到满意，就是一名好老师，而搞教育研究那是专家的事。

走进科研

我们教科室主任很重视青年教师在教育科研方面的成长。当我还在认为教育科研与教学质量没有多大关系，与其将精力集中在教育科研上，还不如扎扎实实备好课、上好课的时候，她就把我招募进了她负责的课题研究项目中，成为了她课题组的一员。

这是我参与的第一个课题，我作为她的课题组成员之一，就此踏上了科研之路。从问题的提出，到方案的制定；从课题的论证，到课题研究的实施、调整以及论文的撰写。整个过程中，我们"请进来，走出去"，互相交流，不断学习……这样的过程经历，让我这个"门外汉"第一次全面了解了科研。尤其当发现家长对我们经过研究而实施的方案给予高度认可时，我不由得又重新审视起课题研究的价值来。

萌生好感

从教生涯转转折折，有幸落脚现今所在的单位，其间学习了很多。曾经认为撰写教养笔记是自己的优势特长，现在看来却觉得"表现一般"。原因在于我虽然能很具体地描述幼儿的生活片段，却不能反思其行为产生的原因，不知道如何站在更高的角度审视幼儿的各种行为表现，更不明白如何从相对专业的角度来阐述案例的价值，使案例的呈献更具可看性。

业务园长在这个时候帮了我一把。当我把两个区域学习案例交上去时，园长并没有简单地把它当成是例行任务的完成，而是仔仔细细地阅读了我的材料，阅后还跟我进行了详细的交流，帮我梳理了案例撰写的格式,并教我如何去呈献案例的实践指导价值。

当我拿到案例评比的获奖证书时,首次品尝到了"丰收"的喜悦,从而对科研萌生了好感。

欣然接纳

教而不研则浅,研而不教则空。

为了鼓励大家开展课题研究,园领导出台了一系列的奖励措施,还邀请了专家给大家开展讲座。通过专家的讲座,我看到了科研力量之大,也发现科研并没有想象中的那么遥远,并不是高不可攀,它就在我们的身边,在我们的教学中,在我们的实践中。

渐渐地,我开始接纳它。我从参与课题逐步过渡到自己承担课题,做课题负责人,在平时的教学中也开始关注问题的存在。

由于我比较关注日常,善于发现日常存在的问题,不久我所申报的课题成功在市里立项了,这意外的收获无疑是令人激动的,对我也是一种肯定与鼓励。但立项之后的工作亦是任重而道远的。

体验收获

参加了几次培训学习后,我学到好多,受到很大的启发。我逐渐明白了,其实科研无处不在,我们不能简单地把它理解为一篇论文、一个案例,它可以是每天的课后反思,可以是每周的小记,又或者可以是小到我们平常对幼儿的评价……

当我们能够对所做的事情进行反思,发现问题,然后再运用相关的知识和手段,将问题进行解决。这样的一个过程,就是科研,这其实是每一名幼儿教师都能够做到的。

通过学习和培训,还让我进一步理解了"让教师成为研究型的教师"这句话,也让我知道日常教育活动的开展和做课题是不矛盾的。课题研究是要求在更高的层次上展开教育教学活动,以科研的思路去重新审视教育教学过程，发现问题，思考问题，形成解决问题的策略，并通过教学实践使其得到验证与完善，从而使教学工作逐步向最优化方向发展。

理论源于实践，同时又可以指引实践。几年来的经验告诉我，如果我们能够认真研究教育教学规律并及时运用到工作中，许多问题都可以得到更好的解决。

只要我们将教育科研作为促进自身发展、提高能力水平和更好解决问题的一种途径，借助教育科研解决日常实践的问题，它就一定会帮助我们更加有效地提高教学教育质量。

这么一想，教育科研不再令我"头痛"，而是成为了我解决问题的一种需要，提高专业能力的一种方法，甚至变成一种乐趣。

感激科研

从开始接触科研至今，一转眼已经15年过去了。

在这15年间，我获得了很多荣誉。是科研让我实现了教师的自我价值，让我体验了成功的喜悦，也让我从教的道路越走越宽阔。

只要我们持之以恒，善于发现、学习、思考与研究，科研就会成为我们快速成长的助跑器和催化剂。

（浙江省海宁市实验幼儿园教育集团　欧惠莉）

在学思结合中提升专业水平

10年前,我还只是一位学前教育的门外汉,在机缘巧合下进入了幼儿教育这个奇妙的世界。因为深知自己专业上的不足,故一日不曾懈怠学习,时至今日,稍有进益,获评"市学科带头人"的专业称号。这给我带来了更多的压力,也成为我加倍努力的动力。如今,我继续带着老师们在边研边学中前行。

所谓教学反思,通俗的理解就是我们平时说的课后反思,是教师通过自我觉察、自我反思的方法来提高教师专业成长,促进教师能力发展,改善教师教学行为的有效途径。具体做法是:教师在上完一节课后,对自己在教育理念的把握、教材的选择、教学目标的设定、教学策略的运用以及幼儿学习问题和信息的反馈等方面,进行认真反思;把成功之处、教学失误以及出现的困惑,进行归纳总结,从而提高教学水平。

教学反思三部曲

教师的成长包括自我的反思和经验的积累，而教学反思对教师成长的促进作用毋庸置疑。我觉得教学反思可以从三个方面进行。

1. 思得

思得，即思考成功之处。一节课下来，教学的成功之处教师自己最清楚，由此可以思考成功的原因。是因为一个有趣的开头使课堂气氛空前活跃？还是教师的一个眼神、一个手势而令课堂趣味大增？或者是一种新教法的运用而获得意想不到的效果？……还可以从教学内容的选材上进行反思，一个成功的活动必定选择了贴近幼儿生活及年龄特点的内容，制定了贴切、准确的目标。当然，也可能是因为采用了新颖的教学手段，抑或是教师在教学中的机智表现让教学活动增色。

如在"大自然的话"活动中，幼儿能积极思考诗歌的内涵，大胆表达自己的想法，表现出浓厚的兴趣。那是因为教师在教学前带幼儿散步时便有意识地引导他们去观察大自然，当幼儿有兴趣走进大自然，愿意去探索更多大自然的秘密时，教师再组织诗歌欣赏活动，幼儿就可以有话想说、有话会说……这便是充分的准备而带来的良好效应。

又如在"好朋友里克"活动中，我引导幼儿按线索（一个长长圆圆的包裹）猜测奶奶收到了什么礼物。幼儿始终兴致盎然，与平常的漫无边际的猜测相比，这对幼儿更有挑战也更具趣味性，也发散了幼儿的思维，这便是教学策略运用的成功。

再如"小熊图书馆"活动的第一环节中，我引导幼儿进行回忆，说一说图书的特征。幼儿从书的大小、厚薄、长短，封面纸张的软硬等进行了讲述，我用一句"大家观察得很仔细，这些都是书的外形，你能说一说其他的不同吗"来承上启下，既肯定了幼儿的回答又引导幼儿进一步思考，使幼儿的思维再度活跃。这里便是教师的机智回应起了作用。

2. 思失

思失，即反思不足之处。教学活动是充满不定因素的，课堂教学难免有疏漏失误之处，比如因为讲得多而使幼儿觉得索然无味，准备工作不充分而使活动走了弯路……这些情况教师皆应如实对待，将其记录在案，以期在往后的工作中考虑更周到，操作更自如。幼儿提出的问题，教师一时难以回答的，反思时也应记录下来，及时查找资料，补充解答。

语言活动"小熊图书馆"中，在引导幼儿给故事取名时，我就犯了一个错误。幼儿取的名字很多，与故事内容也有一定关联，有"小熊的书店""小熊图书馆""小熊邮递员"……幼儿能想到这些说明对故事有了较深的认识，我没有细想地都给予了赞赏，活动后我才发现有些故事名字存在着歧义。如果当时我请幼儿讲一讲取名的理由，那么这样的歧义就可以通过辩解而消除。

有时，我们会为了整合内容而不顾幼儿的发展水平，一味贪多。多领域内容的"杂"，必然导致教学重难点不突出，如何选择并制定恰当的目标便是应该重点反思的地方。将这样的失误记录下来，对自己也是一种提醒，以避免同样的情况再次出现。

3. 思进

思进，即反思改进之法。反思得失是为了日后更好地组织活动，既然要更好地组织活动，就必然涉及如何修改活动方案。教师可以根据自己的教学体会和幼儿反馈的信息，写一写"修改建议"，或者"再教设计"，对教材内容进行质疑或提出修改意见；也可以重点考虑某个环节应该怎样处理才更有效，一步步明确问题，寻找对策，使自我反思达到一定的深度。

如"有趣的婚礼"的最初活动方案中，有一个引导幼儿丰富小猪化妆用品的环节，在实际教学中我发现因为故事本身的完善、幼儿经验的局限，使道具基本没有想象补充的空间，这样的环节就应该删除。及时记下这些得失，并进行必要的归类与取舍，这样可以扬长避短、精益求精，把教学水平提高到一个新的高度。

总之，先要阐述自己在整个教学活动中最大的亮点或存在的问题，接着分析其产生的原因，再总结自己的体会、经验和感受，提出自己觉得困惑的地方，并设想改进措施或解决的策略。只有认真总结活动中的得与失，站在更高的层次去思考，才能够有针对性地改进教学。

教学反思多途径

说到教学反思，可能大家就会想到洋洋洒洒长篇大论，其实这是误解，教学反思可详可略、可写可说，途径很多。

1. 日记反思法

日记反思法是我们最常用的方法之一。在一天的教学活动之后，教师记录反思日记，可以剖析自己的教学行为，从而增强教师的分析、批判能力。值得一提的是，日记未必要长，只要能叙述清楚即可。不必将此看成任务，只当是一个兴趣，贵在坚持。一段时间后再回头看看日记，必定会收获多多。

2. 对话反思法

一个人进行反思，思考的深度与广度皆有限，很难找出问题的症结。如果多个人之间共同反思，互相发现问题，彼此提出建议，反思的结果则更有效。在进行对话时，教师要先整理好自己的思路，清晰地表达想法。

3. 现场互动法

现场互动法一般用在观摩教学活动的现场。来自不同学校的教师就课堂上发生的问题，共同讨论解决方法，最后得到方案，大家交流分享。好记性不如烂笔头，在对话交流后，我们如果也能及时将自己的收获记录下来则是最好不过的。

其实，进行反思的方法多种多样，这只是其中的一些，更多的方法是在教师的自身实践中，不断反思和摸索出来的。

教学反思注意点

教学反思旨在提高教学能力，促进幼儿更好地发展，这不是一项任务，当我们摆正认识态度，教学反思才能起到应有的作用。

第一，反思应具及时性。一节课过后要趁热打铁，及时回忆、反思并记录思维闪光点，要善于抓住稍纵即逝的教育灵感，养成及时记录的习惯。

第二，反思要有长久性。要系统、全面地积累经验并使之凝结、升华，必须以大量的课后反思为基础，这就需要坚持写反思笔记，在持之以恒中提升水平，把教师闪光的智慧之珠串成精美的教育之链。

第三，反思要有互动性。教学反思要重视与专家、同行、幼儿的对话与研讨。采用专家诊断、同伴互助、幼儿反馈等方式，通过交流互动，学习他人长处，在思维碰撞中共同成长。

第四，反思要有探究性。记录的课后反思内容和问题，要有一定的研究价值，具有一定的开放性，要紧跟实践，与时俱进。

第五，反思要有发展性。教师的工作具有一定的周期性，当我们重复教授同一个内容时，要结合前几次课后反思中记述的情况和感想，科学施教，之后再认真写课后反思，不断在教与学的方式上、教材与信息技术的整合上有新的突破，在循序渐进中逐步提高。

总之，涉及教学反思的内容很多，教师可以根据每个活动的实际情况，就自己在整个过程中备、教、学等环节的言行及幼儿的表现，进行内省和剖析，从而进行自我调控，以此促进教师教学能力的发展和专业水平的提高。

但无论反思什么，采取什么方法，都要认识到：一定要把反思和行动结合起来，只有"思""行"相结合，不断实践、探讨、改进，才会使反思达到最好的效果，才能真正从中获得成长。

（江苏省常州市新北区魏村中心幼儿园　尤云霞）

做研究型教师

从教十二年，我从一名懵懵懂懂的毕业生，成长为现在的幼儿园年级组长、区级优秀骨干教师，这一切都离不开"一线研究"对我的专业提升，让我在幼教之路上前行得更顺畅。特别是基于绘本教学的研究，也引领了更多青年教师共同成长。

初出茅庐——慌张忙乱

"幼教就是带好孩子"，刚踏出校门时的我还只是如此简单地认为。

可当我真正进入幼儿园，负责起一个班级的管理，面对突如其来的忙碌与每日工作的繁琐时，内心对自己幼教事业的前景打上了一个"问号"。

从教第一年，我害怕每一次的集体教学活动，幼儿各种的"游离"

和"小动作",让我有深深的挫败感。

记得那是一节探索声音的活动课。课前,我准备了各种各样材质的盒子。一开始,幼儿对我陆续拿出来的材料很期待,一双双眼睛等待着我从背后"变出花样"。当所有的材料都摆在了桌面上,我一边用小棒将一个个盒子敲了起来,一边问:"听听,这是怎样的声音?"零星的几个幼儿举起了小手。我继续敲打其他盒子,却看到了有的幼儿转过身去、有的幼儿玩起了衣服……教学效果不太好。

每当教学主题更替,班级的环境也会随之重新创设。为了让班级看起来更"美观",我为墙面添加了许多装饰品,例如卡通形象、多彩的干花等等。可是幼儿没保持几日的新鲜感,就对其熟视无睹……

家长会上,搭班老师与家长们侃侃而谈。会后,有许多家长驻足停留,想要与搭班老师了解更多幼儿在园内的情况,可自始至终鲜有家长来与我对话;偶有一个家长前来询问,我却不知如何作答……

他山之石——不断充实

幼教需要不断尝试。为了尽快成为一名能够独立带班的班主任,我抓住一切办法充实自己的专业知识,提高自己的职业技能。

当组内经验型老师开始带班时,我便参与到该班级的日常工作中。用眼睛看,看老师如何用丰富的表情演绎生动的故事;用耳朵听,看那些鼓励、支持的话语如何吸引幼儿的注意力;蹲下身子,试着与幼儿平视,让师幼沟通更平等、亲近。

幼儿园组织的每一次培训,我都如饥似渴地学习,尝试将他人的经验在班中进行实践。

六年前,区里着手研究幼儿阅读领域,我有幸能成为研究团队中的一员。在一次次的培训中,我认识了互动阅读、游戏阅读等多元的阅读方式。培训归来后,我将所学的成果在自己的班中进行了尝试。

慢慢地,我发现班级里的幼儿开始愿意在自由活动时间去选择阅读绘本,有的幼儿能够模仿老师导读时的样子,唱起书中的歌曲、玩起书中的游戏……我的尝试初步显效。作为幼儿的引导者,我终于有了一点成就感。

为了让实践有更深厚的理论做基础,我阅读了很多幼教读物,学习最新教学理念;仔细研读《3-6岁儿童学习与发展指南》,把握幼儿各领域发展方向,为实践指明方向。

静心研究——自我提升

偶然的一次阅读,我看到了一篇关于植物角经验分享的文章,学习后感悟颇多,发现原来"研究"是可以如此"接地气"。

结合班中正在开展的阅读领域活动,我围绕"亲子阅读"创设问卷进行研前调查,并将调查数据、素材进行分析。结果发现幼儿每天在家中由父母陪伴所开展的亲子阅读的家庭数并不多,从家长提交的问卷中可以看出家长对书本的选择、阅读的认识都存在一定的误区。

于是,我尝试在班中开展"亲子阅读指导策略"的实践研究。通过班本化的书籍借阅、亲子阅读讲座和阅读沙龙的开展,增进家长对亲子阅读意识的树立、丰富亲子阅读互动的方式、拓宽书籍的选择面。

一段时间下来,幼儿对绘本的喜爱度越来越高了,同伴之间会互相交流各自在亲子阅读过程中的一些想法;家长对每日的亲子交流有了更多的感受,对亲子阅读的看法也有了从"无所谓"到"有积极意义"的变化。

接下来,我继续以一个"有心人"的角色,留意幼儿发展的每一个时刻,将其作为研究点开展多种尝试。

在幼儿阅读素养培养方面,我尝试开展"每日阅读一刻"活动,通过提供幼儿喜爱的各类书籍、创建幼儿适宜的阅读环境、提供支持的阅读工具,以同伴共读、师幼共读等形式,激发幼儿的阅读兴趣,提升阅读能力。

教育研究的深入与拓展需要凝结广大一线教师的智慧，我将坚持以"儿童本位"为理念，不断学习与研究，继续提高自己、挑战自己。

（上海市嘉定区迎园幼儿园　陶玲欢）

探究幼儿

时间过得真快，转眼在幼教岗位已坚守28年了。从教多年的我，时常反思：我们到底要教给幼儿什么？

《幼儿园教育指导纲要（试行）》指出，要"培养幼儿良好的饮食、睡眠、盥洗、排泄等生活习惯和生活自理能力。教育幼儿爱清洁、讲卫生，注意卫生，注意保持个人和生活卫生场所的清洁和卫生"。

生活习惯教育，必须瞄准幼儿园最近发展目标，以适度超前、促进幼儿发展为原则，开发幼儿的潜能。教师要观察幼儿的实际发展水平，根据幼儿的不同发展水平，提出不同的要求，注意不同层次的个别指导，以使幼儿获得最佳的发展效果。

我们园以园本科学为特色，由于在常规科学课程和生活课程中长期的坚持和培养，使幼儿具备了一定的科学素养，拥有了科学探究的能力与意识。

我们真诚地接纳、支持和鼓励幼儿的探索行为，学会研究幼儿、观察幼儿和了解幼儿。

培养幼儿独立解决问题的能力非常重要，其实幼儿们都很能干，该放手时必须放手，以便有针对性地去帮助、引导幼儿。

一次吃午餐时，也许是因为饭菜比较合胃口，静静小朋友正津津有味地吃着，忽然"咣当"一声响，她的碗掉在了地上，米饭撒了一地。

"宋老师，我的饭撒了。"

我闻声悄悄地走过去，摸着她的头说："乖，没关系！"随之问道："饭撒了怎么办呢？"

她看看地上的饭粒，端着盘子蹲下来，聪明的她先把大块米团抓到盘中，其他的饭粒散落在地上、凳子上、身上……但她不慌不忙地继续左手端着盘子，右手抓起地上的饭粒，一粒、两粒、三粒……非常专注地收拾地上的饭粒。

她的右手上粘满了饭粒，她努力想把饭粒弄进盘子，可是饭粒怎么也甩下不来。

她看了我一眼，我微笑地望着她，给予鼓励。

只见她把盘子放在桌子上，用左手捏着右手上的饭粒放回盘子里，然后右手也捏着左手中的饭粒放进盘子中。

不一会儿功夫，静静的两只手都粘满了饭粒。

但执着的她不放弃，继续想办法。

接下来她开始双手捧饭粒，看来是想把饭粒捧到盘子中，之后轻轻地用右手食指一直搓左手中的米粒。但是越搓越多，越搓越黏，这次还是没有成功。

接下来她会做什么？很是令人期待。

我走到她旁边说："静静，老师再给你盛一碗吧，吃完饭再来解决问题吧。"

她看了看我，没有回答。

只见她不慌不忙地走到盥洗室，打开水龙头把手上的饭粒洗得干干净净。

她准备做什么呢？难道她准备要放弃了吗？

她走到桌子旁边慢慢地蹲下来，一只手掌摁在饭粒上，饭粒粘了一手掌。她高兴极了！脸上也露出灿烂的笑容。

接着，另一只手用同样的动作，饭粒也粘了一手掌。然后小心翼翼地把小手放在盘子上方，一点一点地把饭粒搓进盘子中。

不一会儿，地上所有的饭粒捡干净了，她终于成功了。

"宋老师，棒不棒？"她高兴地叫起来。

我笑着对她说："静静，你很棒，太厉害了！"

静静的成就感油然而发，灿烂的笑容绽满了整个稚嫩的脸庞。

静静在捡饭粒过程中，首先使用"抓"，然后采用"捧"，接着变成了"摁"，最后改进为使用水来帮助解决难题。在这个过程中，应该是意识到粘到手上的饭粒是有黏性的，想到用水的反复冲洗降低黏合度，以"解放双手"，争取捡更多的饭粒。

幼儿的学习是在解决实际问题的过程中发现事物的本质，理解事物间关系，通过实践，整合经验，大大提高了处理问题的效率。小小的她竟有如此的责任感和乐于思考的精神，着实让我惊讶和感动。

教师应善于观察幼儿，以更好地倾听幼儿、解读幼儿、理解幼儿。通过观察，发现幼儿身上更多的潜能，也使教师重新思考与幼儿之间的关系，从而尊重幼儿的个性发展。

观察，并不只是指教师"有没有去观察"，还包括是"去观察什么"和"看见了什么"。通过观察，让幼儿"被看见"，以增加教师对幼儿行为的理解，这样才能帮助教师真正满足幼儿的内在需求。

观察能让教师反思日常教学行为是否有意义，善于观察能使教师通过反省，认识到幼儿实际能做什么和他们确实做了什么，从而思考怎样才能做得更好。

在终身教育背景下的高质量科学幼儿教育，首先就要精心呵护和培植幼儿对周围事物和现象的好奇心和探索欲，使幼儿永远保持探究和学习的热情，获得终身积极主动学习的动力机制。

幼儿的探索活动无时不在、无处不在，教师要善于从幼儿的一日活动中发现并认真观察幼儿的各种表现、探究行为，帮助幼儿接触世界、了解世界，通过动手动脑，探究和解决问题，发展各种能力。

幼儿需要探究生活，以更好地学习，发挥积极主动性。教师也需要探究幼儿，以更有效地实施教育，促进专业成长。

（河南省郑州市金水区新建幼儿园　宋伟芳）

以童趣引路

近几年,"幼儿在前,教师在后"的观念影响着教育者行为的变化。对此,我们也在反复摸索、反思。

在一次"有趣的假期"谈话活动中,一位幼儿向我们分享了假期去动物园的有趣经历。很多孩子接着他的话题,踊跃发言,讲述自己去过动物园、见过不同动物的经历。

这让我突然产生灵感,"动物园"是幼儿感兴趣的话题,可以借此生成一些幼儿比较感兴趣的内容。于是我设计了一张"我眼中的动物园"前期调查表,调查了幼儿是否参观过动物园、动物园里有什么、哪些动物印象最深等问题。

其实,在构思这个"动物园"的主题活动的时候,我是有站在幼儿的立场去设置问卷的。可问题在于,一张调查问卷是否能真正有效地、较深入地了解儿童经验?我的提问是否局限了幼儿对于动物园的认知、思考与表达？或许幼儿喜爱动物园的原因不止于里面的动物呢？再看我预设的调查表，最后收集到的答案无非就是一些常规的动物和特征。虽然答案非常规整，但是并没有什么特色或者创意。

我想，如果以后再收集幼儿问卷的时候，是不是可以选择更加多样的形式、选择更加开放的语言描述等，以便幼儿可以反馈一些更为主观、更有创意、更有特点的内容。

带着这些思考，我观察日常区域游戏，发现很多教师会根据主题的内容、材料的种类、班级内幼儿的兴趣等不同的情况创设丰富的游戏内容，教师在做这些工作的时候也知道应该坚持"幼儿在前，教师在后"的理念，让幼儿共同参与到游戏设计中。但是在实际的操作中，有时候难免还是会以教师的个人意志为主导，导致许多在教师眼里觉得好玩的玩具和有趣的材料，幼儿操作起来却觉得乏味无趣。

原因出在哪里？我反思了一下，很大的原因在于老师介入得太多，幼儿的参与度太小。如果教师能事先征求幼儿的想法，与幼儿共同探讨如何实施，加大幼儿参与的力度，这样生成的游戏也许更能获得幼儿的青睐。

比如在建构区投放的游戏"搭建动物园"，刚开始教师投放了很多的积木和动物玩具，要求幼儿以围合的方式搭建笼子供动物居住。教师视角下，觉得在动物园的主题内容中，让幼儿搭建笼子、设计动物园应该是一件挺有趣的事情。但在实际操作中，除了刚开始投放材料的前两次建构活动，幼儿参与度会比较高，之后这个建构区就一直处于"门可罗雀"的尴尬境地。

针对这个情况，我询问了幼儿为什么不想去搭建动物园。有些幼儿说，搭了一次觉得积木太少，没什么劲；有些幼儿说，动物不爱住在笼子里；有些幼儿说，动物太少，没什么难度……幼儿的想法十分多样，也给了我很多的触动。

接下来我又组织幼儿共同讨论"怎么让我们建构区的游戏更加有趣"，请幼儿来提提意见和想法。经过几轮商讨，汇总了以下几点内容：

（1）需要更多的建构材料和动物形象；

（2）动物园里的笼子能否更加多样；

（3）动物园里除了搭笼子养动物以外，是否可以有其他配套。

在收集了这些意见想法后，我开始组织幼儿进行整改。整改过程中也遇到了一些困难，比如建构材料少的问题如何解决，笼子都有哪些造型，动物园的其他配套具体有哪些，这些配套该怎么表现，等等。

我再次组织幼儿共同解决这些问题。经过反复沟通和商讨，幼儿开始在班级的材料柜里寻找一些可供搭建的材料，如纸杯、纸筒、KT板、奶粉罐等，利用这些低结构材料来填补现有建构材料少的问题，还利用一些轻黏土制作了一些小动物饲养在动物园内。有幼儿还说可以在美术区设计一些不同造型的笼子以及动物园的配套设施图纸，让建构区根据图纸进行搭建。

按照幼儿的想法，建构区和美工区互相配合，在游戏的推进中很多幼儿回家后还会跟父母请教，幼儿的学习能力在这个过程中得到了很大的提升。

有了幼儿们的想法和创意，动物园的建构游戏又开始如火如荼地进行了下去。我想这就是幼儿共同参与游戏的乐趣吧。

现在很多教学活动都是跟着主题走，教师在教研时也会注重五大领域内容的平衡、幼儿发展能力的均衡以及幼儿兴趣的契合。可这些活动大部分都是教师通过集体或小组的教研得来，实践中有些主题活动的内容并不是都完全符合五大领域均衡的目标，而我们要遵照幼儿园课程发展的规律和特点，探索适合幼儿的生动、有趣和有意义的课程体系。那什么是适合幼儿的生动、有趣和有意义的课程体系呢？

以"动物园"这个主题里，"我家是动物园"的活动为例。我结合绘本的内容，开展了一系列的活动，幼儿在这些活动中能更加详细地描述动物的特点以及喜爱某种动物的原因。尤其在活动尾声的时候，幼儿还突发奇想提出了"我的班级是动物园"的想法，想跟绘本中的主人公一样，有一个有趣的学习环境。于是我组织幼儿进行讨论，鼓励幼儿按照自己对动物的喜好，每个人设计了一种动物形象，以动物形象作为自己在班级的标记。我还鼓励幼儿绘画的时候，把动物的特征和特点与自己的实际生活相联系，画出更加生动的动物形象标记。

在这个过程中，我看着幼儿头头是道、滔滔不绝地讲解，幼儿各种新奇的想法让我感到了前所未有的喜悦。

虽然我开展的是一个单一领域的活动，但是在这个活动中，幼儿能够用语言连贯地描述动物的特点，能结合生活经验说出和画出各种动物的特征，能在遇到困扰的时候寻求家人的支持……这些能力的提升不仅是单一领域的技能发展，还包括了各种经验和能力的拓展。看着幼儿在这些课程中的踊跃表现，我想这一定是幼儿眼中有趣的课程。

这次阅读和实践的活动，让我受益匪浅。我希望在以后的工作中能发现更多的教育契机，以幼儿为中心，设计一些贴近幼儿生活、符合幼儿兴趣的课程。我也更加相信幼儿有能力专注于他们感兴趣的事务，因为在这些围绕"动物园"开展的活动中，我看到了幼儿在活动过程中专注的热情、探索的欲望以及不断表达的想法和创意。

以幼儿为中心的课程并不只是一种教学理念，而是需要在日常的教育生活中不断去探索、发现和思考的过程。我们既要学会相信自己，又要学会相信幼儿，要敢于破旧立新，不断成长和学习。

（江苏省苏州挹秀幼儿园　徐琳）

追随幼儿脚步,做适宜的课程

回首在幼教岗位上的 25 个春秋,一路走来,有过笑有过泪。

自 2013 年担任副园长以来,愈感肩上的责任重大。为了提高专业技能,探究适应性课程的发展,我每天加强业务钻研,认真学习《3—6 岁儿童学习与发展指南》,在实践中不断反思,在反思中进行调整。

随着课程游戏化的推进,教师作为幼儿园课程的开发者、合作者以及研究者,对其专业素养提出了更高层次的要求。为了帮助园所教师的专业成长,提高教育教学技能,探索适宜性课程的发展可能,我组织教师进行园内培训、课程故事分享、案例分析,通过教研与培训相结合的方式,厘清了教师对适宜性课程的思维。

细心观察,有效支持

教师专业水平的提高是课程开发的基础,观察和理解儿童是教育工作的起点，科学观察、正确解读、有效支持是教师应有的专业行为。观察是幼儿教师的基本功，也是适宜性教育的基础，我们通过"发现问题—分析问题—解决问题"的过程生成主题活动。

小班幼儿年龄小，手部肌肉动作发展较慢，动手能力偏弱；在家庭生活中，家长对幼儿的事情又包办代替。因此，当幼儿离开家庭进入幼儿园的集体生活时，在生活自理方面往往束手无策。

一些幼儿对于物品归位的意识较弱，个别幼儿甚至不能将物品按颜色对应摆放。比如，午餐后椅子摆放随意，午睡时鞋子摆放杂乱；吃饭时不太会用勺子吃饭，操作材料时不太会用剪刀；画画后不整理好水笔，笔套颜色不匹配；等等。针对这些情况，我们采取了相应的措施：

一是投放贴近幼儿的生活材料。模拟生活情境游戏活动，通过活动提高幼儿的动手能力、生活能力，促进幼儿全面、健康地发展。

二是投放具有较强目的性的材料。根据小班幼儿年龄特点，为了让他们学会"自己的事情自己做"，提高自我服务能力。我们在"生活区"中，根据相应的材料要求，投放了"扫扫壳""彩色圆子"等游戏材料，提高幼儿的动手能力和自理能力。

三是投放适合幼儿年龄和发展阶段的材料。幼儿存在个体差异，要考虑到不同水平幼儿的发展需要，投放适合幼儿年龄和发展阶段的材料，以便幼儿可根据自己的兴趣、需要来选择活动；做到材料投放的层层递进，使每个幼儿在探索活动中都能获得不同的经验，保证每个幼儿在原有水平上都能有所提高。

这些活动中的游戏材料与幼儿的日常生活都有所关联，有效调动了幼儿的已有经验，让幼儿能够在与材料的积极互动中主动学习，从而获得基本的生活自理能力。

幼儿为本，合理活动

《3—6岁儿童学习与发展指南》中指出："幼儿的学习是以直接经

验为基础,在游戏和日常生活中进行的。要珍视游戏和生活的独特价值,创设丰富的教育环境,合理安排一日生活,最大限度地支持和满足幼儿通过直接感知、实际操作和亲身体验获取经验的需要。"

我们基于幼儿的兴趣点,给予幼儿充足的空间去发现、探索和尝试,让原本枯燥单一的活动更富有创意。如大班游戏活动"小帐篷大学问",活动来源于幼儿对一片枯死的树林的讨论,经过商量与投票,我们决定进行搭帐篷的游戏。

为了提升对幼儿搭建游戏的指导能力,推进建构游戏开展的有效性,使建构游戏真正成为幼儿喜爱并能有效促进幼儿学习与发展的游戏。开展活动前,我们设定了主题活动目标:

(1) 幼儿能熟练运用中心点支撑的技能;与同伴友好地协商建构方案,大家分工合作完成搭建任务,感受挑战成功的乐趣。

(2) 幼儿有创造意识,能根据自己的经验进行想象搭建,活动后能完整讲述活动过程和主题内容。

(3) 有正确的合作态度,能养成良好合作的习惯和宽容友善的品质。

(4) 通过探究、操作、测量、比较等方法,发现问题、解决问题。

(5) 通过帐篷的搭建,了解古今中外著名的建筑物。

游戏活动目标设定后,在"帐篷搭建初次尝试—总结反思二次建构—帐篷探究知识拓展—三次搭建游戏提升—四次搭建游戏分享"的过程中,通过观察、比较、测量、记录等不同方式,满足幼儿对帐篷搭建的探究欲望。此外,还开展了"制作游戏活动绘本故事书""测量我身边的物体"等延伸活动。幼儿在自由、自主、创造性的活动中探索帐篷的搭建,梳理了原有的经验,增强了自己动手的能力。

资源利用,放手游戏

课程实施初期,我们以导演的角色,为幼儿安排好所有的活动。

这样一次活动下来，教师绞尽脑汁地辛苦构思，幼儿最后却没有得到游戏精神的体验。经过总结和反思，我们调整了课程的安排。从前期讨论了解幼儿的经验、小组合作制作计划书、验证想法发现问题，到后期游戏的正式开展，这一系列的过程，都由幼儿们自己主导，真正做到"儿童在前、放手游戏"。

园所周边自然资源比较丰富，我们充分利用自然资源，挖掘其教育价值。最初带幼儿到附近桃花洲游玩时，我们只是以拍照片、做简单的民间游戏为主，后来发现桃花洲的教育资源也非常多，比如有关桃的科学知识与人文文化。一次春游回来后，幼儿们在区域活动中就搭建了"泳池""酒店"，还自主设计了长廊；在认识气温表的同时，学习了气温记录和统计；还进行了桃园三结义的模仿和表演，制作桃花；我也适时地提到刚学过的诗歌《我喜欢》，引导幼儿仿编诗歌……

我园的"桃园人家"小屋是幼儿的生活馆，从"桃园人家"采摘回来的桃花经过大家忙碌的加工，分组做成了桃花圆子、桃花饼。此外，在家园合作的认养桃树活动中，通过亲子制作"桃树牌"，指导家长通过交谈、引导等方法将关于桃的诗句呈现在标签中表达自己的爱心，让幼儿在潜移默化中学习优秀的古诗文。

幼儿的兴趣和行为是课程的起点，教师的识别与回应是在对幼儿学习兴趣和发展基础上的进一步支持与提升。教师作为支持者、合作者、引导者，应秉持着终身学习的信念，不断反思、不断创新，了解幼儿、追随幼儿，为幼儿制定适宜的课程。

"学高为师"，教师们的专业成长在大家的共同努力下得到了快速的发展，在今后的工作中我们将不忘教育初心，继续以幼儿的全面发展为目标培养优秀的幼教人才。

（江苏省盐城市大丰区大桥镇中心幼儿园　陈芳）

与家长一起发现幼儿的力量

户外游戏的开展，能让幼儿的游戏性体验、自主性体验、兴趣感体验、胜任感体验，以及活动驱力释放的需求都得到尊重和满足，让幼儿的学习生活更为丰富多彩、活泼有趣。

幼儿们对富有挑战的户外游戏也都乐于参与，积极行动。但有一些家长，特别是祖辈的家长对此都会阻挠甚至投诉，这也让班级老师在开展户外游戏时有所顾虑。

一天早上，在幼儿园门口值班的我，遇到相识的长辈沈阿姨，就迎面收到她这么一番吐槽："小俞啊，希希从小体弱，你们幼儿园每周都要进行户外游戏，这跑来跑去孩子出汗多，很容易感冒发热的。"值班结束回到办公室没一会儿，又来一位年青老师倾吐心声："俞老师，我们班级家长群里对下雨天是否该继续进行户外游戏，讨论得很热烈，不少家长抱怨说下雨天却还要孩子外出玩。对于这个敏感的话题，我该怎么沟通才好呢?"

还有一天上午,户外游戏开展时,有个幼儿从竹梯上滑落,伤到了脚踝,经验丰富的班主任老师皱着眉头说:"就怕户外游戏出现幼儿受伤,这下如何向家长解释,头疼啊!"

……

自主游戏和集体学习,都是幼儿学习的有效方式。自主游戏更适合幼儿的学习步调和个性发展需要,而集体学习则更多是帮助幼儿整理和扩展自主学习所获得的经验,使其得到系统化的提升。

这样的教育认识,教师有必要传递给家长以达成共识。家长科学育儿,需要教师的专业引领;幼儿阳光成长,教师亦有责任携手家长家园共育。

在户外游戏的开展中,我们经历了时间调整、教师观察、自助服务、环境改善、资源建设等方面的变化,努力将游戏空间、游戏主题和游戏时间都交给幼儿,让幼儿成为学习的主人,从"吃鱼"的人成长为"捕鱼"的人。幼儿们玩得不亦乐乎,教师们也惊喜连连,但对于一些家长特别是祖辈家长,不时传来的"抗议"声和"上诉"声,该如何解决呢?

在《幼儿园教育指导纲要(试行)》和《3—6岁儿童学习与发展指南》的引领下,我们不停地学习、吸收、落实,并不时调整着自己的教育视角和思路,改造着自己的儿童观和教育观。与此同时,我们不能只顾自己进步,而忘记带着家长朋友们一起前行。

帮助家长"看见"幼儿的学习,发现幼儿的力量,户外游戏就是非常好的一个交流平台。

培植核心辐射力

首先,与家委会委员们玩游戏"门洞变变变"。带着家委们,运用一把剪刀一张纸,在剪剪做做中体验一张A4纸剪出的门洞可以钻入一群人的游戏。借此引领家长树立科学育儿观，调整视角看待户外游戏。

而后，让家长们观看幼儿游戏视频：一群靠墙站立的幼儿，任水管往自己身上喷水，一道人像艺术墙就此生动地展现出来。借助游戏视频的欣赏，引领家长感受玩水游戏的价值，认识到玩水也是很好的学习方式。

接着，就户外游戏"美丽的天空"，由班级老师娓娓道来细节，将游戏中幼儿富有创意的行动和有趣的经历，逐一进行解读和剖析，帮助家长认识雨天游戏活动的独特价值，树立"游戏之下，学习至上"的教育理念。

培植核心辐射力，就是让育儿观相对科学的家长，在感受幼儿游戏、学习价值的同时，后期能够在班里以点带面地进行宣讲，发挥家长资源的辐射功能。

发挥参与带动力

共鸣产生于共同经历，体验胜过千言万语。

我们设计了"家长进园活动预约单"，张贴在家长园地栏里，热情邀请家长走进幼儿园参与班级活动。

户外游戏时，这儿有爸爸当志愿者在做匍匐前进的示范指导，那儿有奶奶当志愿者在做玩沙池的协助管理；这边有爷爷当助教带幼儿们开展种植实验，那边有妈妈作为班委忙着为幼儿的游戏采风摄影……

多元的参与途径，有力地带动了家长的热情，推动家长参与到幼儿的游戏中来，让家长同步感受当下的儿童观和教育观，帮助家长更多"看见"幼儿的学习。

理解的影响力，就这样在潜移默化中一点一点扩大。当班级群里再次出现对户外游戏的争论时，有越来越多的家长站出来支持教师，并讲解户外游戏的学习价值。

在家长的参与中，我们逐渐被理解，与家长们一起传播"玩中学"的教育意义。

打造宣传影响力

对于家长积极性的激励与培植，我们更是用心去宣传，以争取他们长期不断的支持。

在幼儿园信息推送中，我们设置了"感谢有你"栏目，精选了各班家长的助力花絮，以真切的照片和真诚的话语，对家长的爱心付出作出积极回应。

后期户外游戏的材料收集，家长们也是给予了大力支持和配合，源源不断地助力，让游戏材料充裕。材料仓库得到更新，间接推动着幼儿游戏的开展！

从游戏中解读幼儿的学习与发展时，我们拥有了专业的成就感；当把发现分享给家长时，我们增强的是专业的自信心；而当家长看到幼儿的精彩表现，对游戏产生认同时，我们又获得了专业的自豪感。

可以说，伴随着幼儿的成长，我们和家长亦在同步成长着。学习用欣赏的眼光发现幼儿的力量，相信幼儿，放手让幼儿去尝试，真诚地去听懂和读懂幼儿的心声，了解他们真正喜欢什么、想要什么、能做什么，更好地践行"关照安全、关注需要、尊重个体"的科学理念。

（江苏省无锡市育红实验幼儿园　俞淼）

成长之旅，未来可期

我是一名转岗的幼儿教师，小学从教 5 年后转岗成为一名幼儿教师。这一路走来，我见证了幼教事业翻天覆地的变化，也在这浪潮中慢慢成长，累并快乐着！

转岗幼教，从头来过

第一次走进幼儿园时，像是"欣欣然张开了眼"，感觉一切都很新鲜。

我被安排在了艺术组，当时的情形至今历历在目：老师们有弹琴的、有画画的、有写教案的、有做教具的……办公桌上的物品琳琅满目，场面热闹非凡，这与以往在小学经历的场景截然不同。

我纳闷地心想：幼儿教师就做这些？让我这个小学高段教师感到

茫然。

但，既来之则安之。

我随即被分到大班，跟随园长走进幼儿活动室时，眼前的场景让我顿感茫然：小凳子、小桌子、一双双挑衅的小眼睛，有站着的，有爬到桌子上的，有满地乱转的，还有坐在地上哭的……

园长在我"恋恋不舍"的目光中离开了，回头不忘叮嘱："这里的孩子和小学的不一样，慢慢适应吧！"

我招呼幼儿们一声，让他们坐到自己的小凳子上。可说出的话就如石沉大海，幼儿们对此毫无反应，依然我行我素。

无奈的我只能一个一个地把他们送回凳子上。

可气的是，这个刚坐下，那个又站起了。不一会儿，我已忙得大汗淋漓。

我败下阵来，坐到凳子上看着这些"无组织无纪律"的小家伙们，哭笑不得。

此时，搭档李老师走了进来，她微微一笑，边有节奏地拍手边温柔地说："小朋友们，都找一下自己的小凳子，谁能很快找到，并坐得端端正正，老师就给他贴个大红点点。"

奇迹发生了，小家伙们着急忙慌地端端正正坐回到凳子上，眼睛直勾勾地盯着李老师手里的红点点，教室里顿时鸦雀无声。

不可思议，一个红点点的魅力竟如此之大。

事后我也反思：我用管理小学生的方法去管理幼儿，出发点就错了。要想让我自己的管理有的放矢，应该先去了解幼儿，了解他们在想什么，知道他们的心理特点和思维特点；用游戏化的教学方式去开展活动，引导幼儿积极参与活动，激发幼儿的兴趣。

这会是一个长期的过程，我暗暗下定决心从头来过。

不断学习，加强实践

解决了思想问题后，接下来的工作就慢慢顺利起来。

起初，我用画画吸引幼儿，树立了自己在幼儿心中的形象。在这样的互动中我们的关系逐渐融洽了些许，小有成就的我更有了信心。

我一边学习其他教师优秀的教学方法，一边学习专业的理论知识，在学习中不断提高自身的业务能力。

一段时间后，我在工作中处理各类事情也能够游刃有余了，尤其是在家园共育方面。我用换位思考的方式处理家园合作的问题，和家长的关系长期融洽，也有了自己的一套教学方法，并逐渐被大家认可。

《3－6岁儿童学习与发展指南》的颁布，犹如一阵春风，润物无声。《3－6岁儿童学习与发展指南》于我而言就是一束光，指引着我正确地走在幼教的大道上。

《3－6岁儿童学习与发展指南》提出："要珍视游戏和生活的独特价值，创设丰富的教育环境，合理安排幼儿的一日生活，最大限度地支持幼儿通过直接感知、实际操作和亲身体验获取经验的需要，严禁'拔苗助长'式的超前教育和强化训练。"

借学前教育宣传月的春风，我参与了形式多样的宣传活动，旨在引领家长、教师及社会去关注幼儿的健康发展，做到科学育儿，不跟风、不抢跑。

记得第一个学前教育宣传月的主题是"快乐生活，健康成长"，它以幼儿为主体，以幼儿生活和成长为主线，指导教师关注幼儿的生活和成长，将幼儿园教学的内容转变为直接感知和亲身体验。

于是，丰富的实践活动一个接一个地展开。开展宣传活动，让家长了解小学化倾向的危害以及正确的育儿理念；召开家长会，以点带面，让一棵树摇动另一棵树；举办家长开放日和游戏开放日活动，提供平台增进亲子感情，让家长亲身感受到幼儿在游戏中的快乐和得到的发展，以配合幼儿园做好幼儿的教育，促进幼儿健康快乐地发展。

此外，园内还开展专业研修、教研活动、园本培训、基本功比赛、半日观摩等活动，帮助学前教育人熟练掌握各项专业知识和技能，坚决纠正"小学化"倾向；组织宣传主题进社区，向社区居民宣传学前教育，赢得社区的支持。

如果说《3－6岁儿童学习与发展指南》是春风，润物无声，那"国培"就是一场盛宴，雪中送炭。"国培"使我从里到外受到了洗礼，让我的心灵受到震撼，思想理念得到转变。

每一次的国培学习都是幸福而充实的，因为每一次都能听到权威专家不同课程的讲座，让我大开眼界。观摩不同园所文化和教师的风采，都使我惊喜不断。我汲取营养，快速成长为幼儿园骨干教师，收获了知识，收获了希望。

新时代的幼儿是幸福的，而新时代的幼儿教师更是幸福的，我从懵懵懂懂到成长为园级骨干教师、县级名师、市级骨干教师，这一路走来，累并快乐着！

在幼儿的陪伴中，我已经在这个岗位上度过了15个春秋。一同走过的日子，是幼儿的童年，也是我的青春。我用青春陪伴了一批又一批幼儿的成长，那些美好永远定格在了我青春的年轮上。

我的青春与幼儿为伴，我的希望被一个个纯真的笑脸点燃。以后的每一个瞬间，我将牵着他们的手，一起笑、一起闹，我们的未来必定灿烂可期。

（宁夏回族自治区吴忠市同心县第二幼儿园　金小燕）

不在上，不在下，在一起

今天作为管理者，回顾自己幼教生涯的26个年头，我来谈一谈管理。

管理适用于任何一个岗位。就教师这个职业来说，班主任有班级管理，年级组长有年级组管理，副园长有业务分管管理，园长有全面管理。岗位不同，决定了管理范围、职责和对象的不同，但目的是一样的，都是让工作目标更有效达成。

如何做一名积极进取的教师和管理者？首要的是正确地进行角色定位。

班主任所管理的是一个班级，面对幼儿和家长，要考虑的是如何做好班级工作和家长工作；年级组长要管理的不仅是一个班级，还有整个年级组的各项工作的协调，对象也从班级成员扩展到整个年级组的成员；做中层的时候，职责和范围又发生了变化，就自己所分管的事务管理上，要跳出年级组的范围去统筹思考；到了副校级的管理人员，要就自己所分管的工作，站在学校层面进行思考和部署，协调的范围从年级组扩展到中层；作为正校级管理，职责就变成了对全局的把控管理。

管理层级越高，管理的范围越广，承担的责任也越大。

尽心、尽职、尽责

尽心、尽职、尽责，是对自己的职业和岗位负责的态度，态度是首要的！

我在做一线教师的时候，还不知道"四有好老师"的标准，但是我知道作为教师首先要有师德。

最开始在郊区工作时，家长以菜农居多，条件大都不富裕。我清晰地记得当时有个"大头大脑"的男孩，大冷的天却还光着脚丫穿鞋，每天鼻子冻得红红的，鼻涕拖得老长，家里条件很差。我当时给这名幼儿买了两双袜子和一副手套，看着他开心的样子，自己心里也很高兴。

在踏上工作岗位第二年，一次放学途中，突然一位小朋友一边喊着"妈妈"一边冲出队伍，朝着马路对面奔跑过去，而此时一辆满载乘客的中巴车正快速驶来，眼看就要撞上这名幼儿。在这千钧一发之际，我一个箭步冲过去，用力把幼儿拉了回来，而自己却被来不及刹住的车撞倒了。当时我的膝盖破了，好在并无大碍，但此事对那位被拉回而免遭车祸的小男孩却影响很深。十年后，远在另外一个城市的小男孩在妈妈的陪同下，专程来看望我，我们回溯往事，犹如昨日。

我想，作为老师，我是幸福的，能够拥有幼儿这样真诚的爱意。我也庆幸，我给幼儿童年洒的是光。

在对新教师进行专业培训的同时，我很注重新教师的思想学习。每次我都亲自主持，通过身边人的故事讲述，给新教师以情感上的共鸣、心灵上的洗涤。

2008年，我由教育局委派扶持支教，任业务副园长。第一次走了园领导这个岗位，对我来说是有很大压力的。虽为业务副园长，而事实上，因为没有中层，只有年级组长，所以除了后勤之外的所有事情都要由我负责。

记得写第一份园务计划时，我用了四天时间才完成。出于对工作的责任心，加班也成了常态。家人一开始对此很不理解，家里经常会有矛盾。但是后来也就慢慢习惯了，因为家人了解我的行事风格。

有一次我脚骨折在家休息，正逢学校要迎接督导检查，我让我姐姐去园里帮我把电脑搬回来，我把腿抬高在桌子上，坚持把所有的档案资料和汇报材料完成，决不耽误任何一项工作。

这就是我的原则，在任何一个岗位上，必须要尽心、尽职、尽责！属于分内的事，无论怎样都要完成。

以教人者教己

要教别人学的内容，自己首先要理解透彻，明白其所以然。这就是"为教而学"，必须设身处地努力使人明白。作为教育者，我们要时刻有一种"学识危机"的意识，不断地学习，学习，再学习！

向谁学？首先要向幼儿学！无论怎样不能脱离一线教学，不能脱离幼儿。尤其课程游戏化推进的过程中，一旦脱离了一线，就无法了解幼儿的需求，就无法给他们提供合理必要的支持。

以教人者教己，就是要发现幼儿的需求，给他们提供必要的支持。我们作为专业的教育者，必须要先有大量的阅读，才能在观察中及时解读，专业是我们自信的来源！要了解幼儿如何学习和使用材料，就要先"做回幼儿"，在与材料的"互动"中去感受幼儿的需求。

作为管理者，更要有学习的意识。我们需要在专业上引领，给老师们不断充电，在和他们一起学习的时候，自己也得到进步。所以，我们园里有行政领读活动、师徒结对活动、分层培训活动，这些活动会激励着教师们主动求学，时刻以一种饱满的姿态来面对每一种挑战。

在管理上，我还坚持一点：但凡要别人做到的，我一定会自己先做到。我要求我的幼儿彬彬有礼，所以我会在门口主动和每一位幼儿打招呼；我希望我的教师们爱学习，我就会自己先学习做示范；我要教师们守规则，我自己就会带头遵守规则。

管理者，要有垂范意识，要做教育研究的带头人、师生的楷模，做服务者、先行者。

在劳力上劳心

劳力就是做事，劳心就是思考，劳力上劳心就是在做事的时候思考方法。

作为管理者，要在做事中思考如何把事情做好，做到手勤、脚勤、眼勤，最基本的是做好一日三巡——巡教师、巡幼儿、巡活动。在巡视的过程中发现问题，在与教师的沟通中了解真相，针对他们的需求，对工作进行指导与协调。

比如，今年岗位变动之后，一切工作都是陌生的，我就是在三巡的过程中了解与熟悉了情况。通过巡视、沟通，我带领行政人员优化了四个问题：

第一，车库问题。园内没有电动车棚，所有的车子都停在园门口，雨雪天时非常不便，给职工带来了很多困扰。因此，建车库成了第一个要解决的问题。

第二，围墙安全隐患。因为年久失修，围墙瓦片脱落，对园内幼儿的活动造成了安全隐患。安全是一个学校最根本的问题，围墙维修工程成为了第二项解决的问题。

第三，玩具收纳问题。所有的户外器械全部在一个固定的收纳棚内，幼儿户外活动时不能根据场地自主开放地使用和收放材料，不利于幼儿活动的正常开展。针对这个问题，我们用了两个星期的时间做了跟踪研讨与调整，对场地布置做了重新规划，同时增添了户外运动器材，充分满足了幼儿的活动需求。

　　第四，室内环境调整。室内色彩艳丽，格局不科学，为此我们进行了园内环境视导研讨，统一理念后进行了降色处理，重新调整布局，补充投放自然材料，使环境更温馨，更适合幼儿的需求。在这所有的过程中，我都是亲自参与，亲自部署和调整方案。

　　管理者首先是服务者，不能因为职位高就拥有特权，让自己高高在上，脱离群众，要能"共同生活"，与各部门之间分工不分家，相互补台不拆台，把团队意识和大局意识摆在重要位置。管理者应该在哪里？不在上，不在下，在一起！

（江苏省丹阳市南门幼儿园　王红花）

特殊时期，坚持学习

疫情期间，我们一直在家待命，等待幼儿园的入园通知。刚开始，还很享受难得的"居家时光"，但时间久了，就会觉得很不充实，也时不时想起在幼儿园时孩子们的笑脸。

于是我制定了学习计划，决定利用这段"特殊时光"提升自己的专业能力，不使光阴虚度。

提升专业素养，积累教学经验

为了丰富自己的知识、提升个人的修养，我重温了近几年收藏的专业课视频，学习他人经验，总结反思。我认真做每周计划，按计划学习，按时完成每周任务，认真撰写周记；认真编排教案，提升作为一名教师的专业素养；认真完成美术作品，提高美术技巧与创新能力；

认真进行弹唱的学习与练习，为将来的课堂积累素材。

在此过程中，我不但提升了自己的能力，还发现了自己的短板——绘画。因此除了每周的任务按时完成外，我还在日常加强了画画的练习，提升自己的绘画能力，让综合能力更上一层楼。

一名优秀的幼师，应该做到认真反思，不断提升自身素质。俗话说得好，"活到老学到老"，无论何时，我们都应该具备学习和反思的能力。只有不断学习才能储备更多的知识，只有不断反思才能温故而知新，将所学的知识为己所用，融会贯通到日后的工作中。

新时代、新知识、新课程都要求教师树立终身学习的目标，实现自身的可持续发展。学习不仅仅涉及专业方面，还要扩充到各个领域，不断地提升自身的修养和素质。在丰富自身专业知识的同时，要广泛涉猎各种社会科学和自然科学知识，从而更好地适应教学的需要，通过总结经验，向更完善的自己努力。所以，我们要不断锻造自己专业的知识体系、磨练扎实的基本功、提升自己的思维认知，不断完善自己的"硬件"条件。

重视家园共育，尊重、欣赏幼儿

在这段特殊时期，我每周根据自身情况拟定周记作文的题目，按时发放给家长，除此之外开展丰富的线上家园活动，真正做到"停课不停学"。

我定期为小朋友们录制相应的课程视频，虽然说在家录课很方便，但我也感受到了对着屏幕上课的苦恼，没有幼儿的互动反馈，不知道幼儿的真实掌握情况。但每次录课后我都会与家长积极沟通，并根据幼儿掌握的情况来调整教案与上课方式，借此精进授课水平。

爱幼儿就要尊重幼儿，每个幼儿都是一个独立的人，都有独立自主的需求。因此，必须以幼儿为本，决不能把自己的意志强加于幼儿，要充分理解幼儿、信任幼儿、欣赏幼儿，发现他们的闪光点，挖掘无限的潜能。

我的初心，是希望能在平凡的幼教岗位上，每天看到幼儿的笑脸，陪伴他们慢慢成长。为了这份初心，我愿意不断学习，提高自己的能力，守护幼儿茁壮成长。

(辽宁省大连市甘井子区教育局三鼎春天幼儿园　王钰涵)

因为热爱，所以坚持

如果说责任是树，爱就是藤，爱融入在责任之中，如影相随。在教育的热土上，我没有轰轰烈烈的事迹，而是立足于平平淡淡的真诚、实实在在的耕耘。因为爱，而热爱，而坚守。

面对孩子

伟伟是我们班比较特殊的一位小朋友。刚来时，只是觉得他不爱说话，但一段时间下来，发现他还有种种不良情绪反应，如：上课时会大喊大叫，吃饭时会爬到桌子下面去踢别人，还会用手去抓别人的饭菜吃，等等。

我到伟伟家进行家访，伟伟的奶奶把我当亲人一样说出了她的苦衷：伟伟的爸爸"不管事"，精神方面也有点问题；妈妈在离婚改嫁后，就没再来看过伟伟；伟伟一直靠七十多岁的奶奶照顾，而奶奶自己除了腿脚不利索，眼睛还看不清。

面对这样一位艰难照顾家庭的长者，让我觉得自己作为伟伟的老师，对伟伟的付出太少了。于是我对伟伟倾注更多的关怀和爱，单独施教、指导。

三年多的时间下来，伟伟从开始说不清一句话、时不时大喊大叫，到后来能和小伙伴进行交流、玩耍。虽然口齿还是不太清晰，不愿意坐下来参加活动，但至少让我们看到了他的进步。

对伟伟的付出，得到了伟伟奶奶的肯定，我也感到很欣慰。

对于缺乏自信心不敢表达自己感受的幼儿，我会给予更多的机会让他们在小朋友面前锻炼，并实现他们的愿望。有一次，有一位小朋友的妈妈生病了，在玩区域游戏时想给妈妈做一个蛋糕，却因没有相关制作材料而不敢表达。我观察到他的情绪不对，问出了缘由，于是给他提供了相关材料，让他做了一个蛋糕送给妈妈。

对于班上好动、做事没有恒心的幼儿，我会"放大"他的优点，在所有小朋友面前热情地表扬他。

对于调皮攻击性强的幼儿，我不会只对幼儿说教，还会根据幼儿的不同表现尝试不同的教育方法，会让情绪无法调控的幼儿到"私密间"发泄一下，给幼儿故事引导，并让幼儿进行故事演绎。

我这样用心做，是希望幼儿能逐渐感受到，虽然他"犯错误"了，但老师会以更多的爱去引导他、帮助他。

我想，只有爱幼儿，才能接近幼儿、了解幼儿、赞赏幼儿；只有爱幼儿，才能和幼儿有效地沟通交流；只有多角度、多方位、多层次地构筑起师生"爱"的心桥，才能更好地为幼儿服务。

面对家长

平时我面对家长总是微笑放在脸上，感谢挂在嘴边。家长也评价我亲和力强，说我有责任心，因为我把他们的利益、需求放在首位。

我们班伟伟的奶奶没有手机，联系不便。当幼儿有发生状况，我都亲自把幼儿送到家里。每次我把伟伟送到家后，伟伟的奶奶都会拉着伟伟，一起把我送到大路上。这时，我觉得走再多的路也不会累，心里都会是暖暖的。

我会利用放学时间与家长进行交流、探讨幼儿的教育问题，积极听取家长的意见和建议，家长对我采取的教育方法给予了较高的评价。

我的热情缩短了与家长的距离。很多家长都和我成为了好友，互加了微信，探讨一些教育幼儿的经验。有的家长还会亲热地称呼我为"华姐"。

幼儿在园中少不了磕磕碰碰，我都及时向家长说明情况，都能得到家长的谅解。有小朋友在家里发生了意外伤害，我都会亲自去登门慰问。班级开展活动，家长都说会好好配合我的工作。

家长的支持、配合、理解，是给我最好的回报。家长满意度高，也让我感到作为一名幼儿教师的幸福所在。

面对学习

学习永无止境，对于幼儿教师而言更是如此。在教学活动中，我认真备课，用心组织幼儿参与教学方面的各项活动，并积极听取幼儿的意见，给予尽可能多的、全面的指导，不马虎从教。

作为一名青年教师，我会更加注意提高师德和业务水平，我知道只有不断更新自己的知识，不断提高自身素质，不断完善自己，才能更好地教育幼儿。

我会利用休息时间积极学习、不断充电。向有经验的老师虚心请教，学习她们的经验，不断提升自身的教育教学水平；刻苦钻研业务，让自己具备扎实的专业能力。

面对同事

幼儿园里的同事大多是女性，她们就如美丽的花儿，有的雅致恬静、有的热烈奔放、有的高雅温婉。我每天都以微笑面对我的同事伙伴，当她们遇到困难时，我都热情地去帮助她们；遇到了问题，我也积极地去协调和处理。

当同事在工作中需要加班帮忙的，我义无反顾地到幼儿园加班或者值班，维护好同事的工作需求。对于新教师，我也会把自己的经验传授给她们，在撰写论文等科研活动时给予一些建议。

师德不是简单的说教，而是一种精神体现，需要培养，需要教育，更需要教师付出我们的"爱心、用心、诚心"！让我们用爱给幼儿撑起一片广阔的天空，用爱如炉火般去温暖幼儿的心灵，用爱如明灯般去点亮幼儿的理想。

因为爱而坚持，在未来的工作中我将不断自我发展、自我完善、自我超越，实现我的人生价值！

（浙江省海宁市许村镇联心幼儿园　程华）

计划在前，不断发展

"捧一颗赤子之心，执两点工作经验，育三岁孩童，五天不闲、十点不寐，以十分热情服务于幼儿。"简单的一句话，却是幼教工作的真实写照。

回顾一学期的工作，有辛酸也有快乐。辛酸的是，从家长手里接过来的是一张张稚嫩的小脸，听到的却是一声声哀嚎"老师，我要回家""我要妈妈"……快乐的是，看到了幼儿从不愿上学到高高兴兴入园，从不愿吃饭到自己独立进餐，从偏食挑食到样样菜都爱吃，从不会穿衣到能自主穿衣，从不敢参加活动到争着要在集体面前露一手……

作为一名幼师，对幼儿需要保持持续的关爱和尽责，这是其他职业难以体会到的感受。每当看到幼儿一天天成长，那种硕果结成的满足感足以抵消所有的苦累心酸。

如果还有人问我为什么要当一名幼儿教师，我一定会坚定地告诉他，因为热爱。

教育教学

今年下半年，我有幸迎来了自己从教以来的第二批幼儿，看着一张张嫩生生的面孔，既觉喜悦又觉责任深重。为了尽快让幼儿熟悉幼儿园生活，引领其养成良好的生活习惯，我在保教工作方面尽快做出部署，让工作依计划实施。

在教育教学上，我们首先培养的是幼儿的教育活动常规，如上活动课时，要幼儿的小眼睛看着老师，老师说话的时候小朋友不要说话，回答问题要举手等。我们认真备好每一堂课，及时查阅资料、跟进当下教育热点，努力把教案写好。除此之外，我们通过其他老师的经验共享，进一步实现了自我经验的积累，这些都进一步提升了个人应对和处理各种各样教学问题的能力。

对活动内容的选择、形式的组织、方式的采用上，都力求突破，认真培养幼儿良好的学习习惯，让幼儿能主动学习，多给他们表达的机会。我们还根据教学计划不断地变更材料，经常丰富、充实区角内容，激发幼儿的学习和探索兴趣。

通过一学期的活动，幼儿养成了较好的活动常规和与同伴分享、合作的习惯，动手能力、想象力、创造力也进一步得到发展。

家园沟通

父母是孩子的第一任老师，也是幼师需要重点依靠的力量。我始终注重与幼儿家长的沟通工作，希望通过家园配合，共同促进幼儿更好更快地成长。我们建立了家长联系方式的花名册，通过文书和微信等线上线下的联系，做到及时沟通，并确保各项活动通知到位。同时注重及时发现和指出幼儿的闪光点，并为家庭教育提供一定的指导。

在沟通过程中，我发现很多家长是很愿意参与到幼儿的成长中，也很想对幼儿进行充分有效的教育，只是缺乏科学的教育理念。有时候，部分家长确实也存在着偏执、淡漠、放任等原生家庭教育的问题。

针对这些，我会选择合适的方式，委婉地提供自己的建议，切实联合家长之力，并通过让家长承担部分教育工作，让其体会到自己的价值，密切亲子关系，助力幼儿成长。

班级管理

班级是幼儿生活学习的共有空间，我和其他两位带班老师一致认为应把"班级管理"放在重要位置，唯有这样才能够为幼儿提供适宜他们生长的学习空间，让他们自由探索、有序提升、快乐成长。

在班级管理中，我融入了很多小心思。比如在区域创建过程中，我事先了解了每个幼儿喜欢的颜色和动物，女孩大部分说喜欢粉色，男孩大部分说喜欢蓝色。所以在班级的色调选择上，我们以蓝色和粉色为主色调。

对于某些幼儿表现出来的骄纵问题，我们也互相配合，在不伤害幼儿心灵的前提下合理解决，通过共情，稳定幼儿的情绪。共情的关键在于，教师要接受幼儿的负面情绪，并教会他们自我排解，让他们懂得有些行为不可为。

俗话说，"书痴者文必工，艺痴者技必良"。作为一名幼师，我深知终身学习的必要性。我喜欢把计划做在前，预设一切可能发生的问题，然后根据计划有序执行，在执行的过程中查缺补漏，尽可能把一件事做好、做完整，不留遗憾。

工作中，虽然我取得了一些成绩，但是还是有很多的不足，主要表现在对个别幼儿常规问题的有效处理，教学方面也有很大的空间有待提升。针对工作中的不足，我会进一步有所作为，强化突破，积极寻求所存在问题的解决办法，不断提升自己。

（山东省东营市河口区义和镇中心幼儿园　史咪咪）

重拾昔日的自己

午休时的幼儿园是安静的。

"滴答……滴答……"伴随着钟表秒针的转动声,我的思绪回到了八年前刚毕业的时候。一个个熟悉的面庞浮现在我的眼前,那欢声和笑语,那稚嫩的身影,像是电影一样在眼前播放着……

刚参加工作的时候,充满着激情,觉得自己像是老鹰捉小鸡游戏里的母鸡,浑身有使不完的劲。那时候的自己,像一个长不大的孩子一样,总是和幼儿们一起玩、一起闹,从不觉得自己在工作,而是和幼儿们一起生活、一起长大。

当时的园长时常笑我说,园里来了一个大朋友。

就这样,日子一天一天过去,在不知不觉中,我所带的小班上了大班,然后顺利毕业。在笑声与哭声的交织中,我送走了那一届幼儿。

经过这三年的历练,自己的工作能力得到了很大的提高,做许多工作都觉得得心应手，慢慢开始负责更多的工作。

再后来，我来到了现在的幼儿园，走进了这个温暖的大家庭。

换了一个工作环境，接触了更多的老师和幼儿，我成为了一名有经验的幼儿教师。在不断学习中，我的专业素质和工作经验得到了很大的提升。

对于幼儿，可能是由于我年纪大一些了，和幼儿的相处中更多是扮演母亲和老师相结合的角色，总想着为他们好，想让他们变得更加优秀，成为更好的自己。

每当家长感谢我说，他们的孩子因为我的管教而进步很大，我都会有自豪的成就感。对于这种自豪感，我一开始并没有觉得有什么不对，直到有一天，发生了一件事。

一天清晨，我们班的玮玮在幼儿园门口哭闹着，因为早上来的路上想要买好吃的，妈妈没有给他买，他就一直不愿意入园。我轻轻地走过去拉着他的手，他瞬间停止了哭闹，安静得像是见了老虎一样。

可以看出来他心里还是非常不情愿入园，但碍于我在场，而面露怯色，然后低下了头。

我心里"咯噔"了一下。什么时候，幼儿与我的关系变成了这样？玮玮是有些怕我吗？我猜测着，难过着，不安着。

下午的区角游戏时间，玮玮玩得很高兴。在休息之际，我轻轻来到他身边，蹲下来微笑着问他："玮玮，你害怕老师吗？"

玮玮戳着小手指说："嗯，有一点……嗯……我不怕。"

我不信，继续问："那你为什么看到我就不说话了呢？"

他小声说："因为你是老师呀，在老师面前一定要听话，不能乱讲话。"

听了这个答案，我有些失落。在他们的心里，我不再是他们的知心好朋友，而是一名让他们惧怕的老师。

晚上躺在床上，静下心来想了许多，想着自己是不是做错了什么。直到钟声响起，我突然领悟到，或许不是我做错了什么，而是我的那颗"心"已不再。

在幼儿眼里，我已经不再是他们的玩伴，而只是他们的老师。是不是日复一日的工作把我的爱心、耐心、童心都磨灭了？

我要改变！我要重新成为幼儿们的"朋友"。

我常常反思，一个幼儿老师最重要的是什么？是责任，是能力，还是爱？这些都是必备的，但还需要和幼儿一样有童心。

把自己变成幼儿，用幼儿的视角去看、去感受、去理解，这对于幼儿教师来说是十分重要的。

比如，现在有这样的一个现象，买回家的玩具幼儿不喜欢，反而一根木棍、一个小桶、一盆沙子成了他们的最爱。

为什么呢？因为那些玩具是成人站在自己的角度认为好玩的东西，而并不是站在幼儿的角度和眼光去选择的。

想走进幼儿的世界，让幼儿爱老师，就需要和幼儿保持一样的童心，让自己成为"大孩子"，去理解他们的需要。

保持童心是困难的，很多人在生活中一点一点磨掉了自己的童真。虽然留不住时光，但是我们可以留住那份纯真，用一颗简单的心去感受世界。

幼儿的世界是简单的，我们需要重拾那份童真，热爱生活、热爱幼儿、热爱自己，做一个可以陪幼儿简单而快乐成长的伙伴。

（安徽省合肥市长丰县直属机关幼儿园锦湖分园　徐韦）

初心不改，逐梦幼教

1990年毕业后，我就成为了一名幼教人，直到2020年1月到龄离岗。由于工作认真踏实，又被现在所在的幼儿园聘为园长。

作为园长，我继续为乡村学前教育事业而奉献着，每天带着微笑迎接幼儿、家长和同事；每天带着一份好心情和饱满的情绪投入到工作中，用纯真而朴实的爱陪伴幼儿，共同体验多彩的生活。

30多年来，我把满腔的爱撒向每一位幼儿，如同在每一片绿叶上都洒满阳光。

幼儿眼中的我：好妈妈

了解幼儿教师的人都知道，做好一名幼儿教师真的很不易：光会画画、唱歌、跳舞、讲故事是远远不够的，还要对幼儿投以无微不至的关心和照顾。

从我进幼儿园的那一天开始,我便处处留下爱的痕迹。每天,我和幼儿一起玩、一起唱、一起笑。渐渐地,幼儿们都爱上了我。

那时,我教的小班来了一位特殊儿童阳阳。刚来时,阳阳还不太会讲话,跟外人没有一点交流;自理能力较弱,无法自主用餐,经常随地大小便;也缺乏自控能力,会有攻击性的行为。

由于阳阳这样的情况,阳阳的奶奶怕幼儿园不接受,怕老师嫌弃,怕小伙伴们欺负……对此,我没有回避和拒绝,而是欣然地抱过阳阳,把她当作自己的孩子一样,倍加关心。

空余时间,我就上网查资料,如饥似渴地学习幼教经验。我耐心地教阳阳说简单的话、做操、玩游戏,一遍不行,就两遍……我不厌其烦地给阳阳换洗沾上大小便的脏衣服,教阳阳学会如何自主如厕。我要班上的小朋友多关心阳阳,搀扶阳阳上厕所、上下楼梯。

两个月转瞬而过。突然有一天,从不向别人露出笑脸的阳阳看到我,猛地露出灿烂的笑容,并大声叫了声"老师好"。

下午放学,来接阳阳的奶奶听说了这事,激动得直抹眼泪。

渐渐地,阳阳学会了约束自己,乖巧活泼了许多。

还记得,阳阳上中班的第一天,因为没看见我便大哭着,一个教室一个教室地找我。楼下没找到,跑到楼上,一见到我立即飞奔过来,一下子扑到我怀里,嘴里直念叨着"夏妈妈、夏妈妈……"

阳阳奶奶在旁边直拉着我的手说:"夏老师,我家阳阳自己的妈妈都没喊过一声,今天居然叫你'夏妈妈'了。"

同事眼中的我:好姐妹

多年来,我与同事亲如姐妹,谁有了困难,我总会伸出手来扶一把,送上一句贴心的问候,给上一个中肯的建议。天长日久,老师们心里有了想法总是第一个与我沟通,有难事时总会与我商量。平日里,我俨然成了老师们信任的"智多星""知心姐妹"。

忘不了,风华正茂的好姐妹得知自己不幸身患重病时,第一时间不是通知老公,而是打通了我的电话。在我的帮助下,好姐妹顺利地渡过了难关。

忘不了,善良温柔的同事生活遭遇挫折,我留下与之促膝而谈,耐心开导,一次,两次……帮助同事重拾信心。

有时别人评价我的行为"太傻",我总笑笑说:"我们是一大家子,是同事也是姐妹。"

女儿眼中的我:好母亲

我一直坚持着用一朵云去推动另一朵云,用一颗心去感动另一颗心。

女儿艺考在外地十多天,我没请一天假;女儿需要我,班上的32名幼儿更需要我。我犹豫过,但很快下定了决心,并和女儿沟通自己的想法。女儿开始时有点不理解,但当她听到我说哪个幼儿上课要多提醒、哪个幼儿吃饭要多加点汤……女儿一下子懂了。得到女儿的理解与支持后,我全心投入了工作,虽对女儿有歉疚,但并不后悔。

如今,我的女儿也是幼教人,与我做着同样的事业。

在幼教的路上,我用自己的方式,义无反顾、无怨无悔地忙碌着。我执着地倾注着我的热情,奉献着我的真情,在无尽而又快乐的付出中收获着,成长着,成熟着。

我早已习惯了这样的工作生活,我离不开幼教,更离不开那些可爱的幼儿们。

而今,52岁的我由于对幼教事业的热爱、对幼儿的喜爱,没有选择去过退休后休闲安逸的日子,而是继续追随我的事业,无怨无悔地在幼教这片沃土上耕耘、播种……

(江苏省海安市曲塘三之三幼儿园　夏晓玲)

人生没有白走的路,每一步都算数

大学毕业后来到幼儿园,刚接触幼儿们的同时,也开始了各种资格证的考取和学历的提升。尽管如此,在私立幼儿园的6年,我却从未想过其他提升自己的方式,也没有进行充电学习,逐渐习惯了舒适圈中看似轻松自由的生活。

尤其在结婚生子后,或许是迫于恐惧接触新环境,依旧回到了原来的岗位。相比之下,我的同事却利用这段时间去提升自己。

在家庭和事业的矛盾之间,我选择了工作之余相夫教子。每日除去繁琐的幼儿园工作外,即是在家陪伴孩子学习,练习街舞放松自己……

6年多来,孩子成长得很优秀,但随着其慢慢长大,需要我照顾陪伴的时间越来越少。我自己则开始感觉到孤单,想来觉得是时候该为自己拼一把了。

所在的私立园房租到期，被收回改建成了公办园。各种挑战接踵而来，我第一次感觉到自己什么也不会，没有一技之长，更没有应对各种评比的勇气。不仅失去了管理班级的权利，也没有了参加各种培训的机会。

　　工作遇到瓶颈的滋味，只有自己才能体会。每天面对异样的眼神，让我对自己产生了怀疑。机会来了不敢去争取，也不知道拿什么争取。

　　反思之后，才意识到自己6年来"原地踏步"落后了太多，空有热爱的心，而无实际的行。于是决定调整自己。

　　由于私立园改为公立园，我决定第一步先踏上考编之路。考了两次，都失败了，但成绩也没有那么差，这给了我一些信心，点燃了我的希望和热情，决定再战一次！

　　放假别人都在玩，我把自己关在家中，大门不出，二门不迈。每天结合朋友给的视频资料学习，利用口诀坚持复述和背诵默写，之后又各种刷题，重做错题。

　　班里老师为了让我集中精力备考，在轮流值班时纷纷主动先值班，让我先休息半小时后再起来值班。我边值班边看书，方便记忆，加深理解。由于准备充分，最终笔试顺利通过。

　　接下来的面试，园里也很支持，克服一切困难批假给我，于是我报了辅导机构进行了比较系统的学习。

　　在辅导班，我认真记住每一位老师的话，刻苦练习技能，一次一次挑战说课、讲课，生怕浪费一点点时间或者错过老师重要的讲解。回到家后，会继续整理每一节试讲的流程，一幅又一幅地画简笔画，一遍又一遍地练习舞蹈动作。

　　面试如期而至，我调整好心态应对一切。过程很顺利，没有卡壳不畅，没有磕磕绊绊。最后，我成功了。

　　与同事分享经验时，我着重说到挤时间学习，让一切成为动力而非借口。

　　我也曾羡慕别人优秀，当我为之努力时才知道别人也曾承受过不为人知的困难，别人的成功也是点点滴滴付出所得。

虽有多年工作经验，但如今又是工作的新起点。我知道以后可能还会遇到瓶颈，唯有不断有目标地学习、实践，才可以让自己坦然面对。

人生没有白走的路，每一步都算数。现在更要学着拿得起放得下，学着小事不去计较，大事不含糊。学会独当一面，担起应担的责任。可以羡慕别人，但是不要为自己找借口，让一切好的或者不好的事情和经历都成为动力，踏踏实实走好每一步！

(山东省滨州市滨城区第六实验幼儿园　韩学学)

那一份执着，这一份触动

不知不觉在幼教岗位上坚守了 20 年，20 年的从教经历，让我越发喜爱自己的工作。在与各位老师、前辈相处中以及在自己的切身经历中，我慢慢地发现，身为"孩子王"的我们，是把爱凝萃在了日常生活的点点滴滴之中。

为了给幼儿创设一个良好的教育、教学环境，让他们学得更好，老师们会默默加班到夜半；会为了环境创设，自掏腰包；会为了上好一个教学活动整夜纠结，甚至全家总动员，出谋划策、分摊工作。

为了给幼儿一份如妈妈般温暖的爱，把他们照顾得更好，许多年轻的小老师总是一次次虚心地向那些妈妈老师们讨教宝贵的"育儿经"。

为了给幼儿营造一个轻松、愉悦的氛围，让他们快乐成长、和谐发展，老师们再苦再累都默默承受，永远在脸上洋溢着微笑……

时间在平凡而重复的故事中流逝，而我也从雄心勃勃的新教师成了别人眼中稳重踏实的经验型教师。如果没有那"怦然一击"，我想我终将成为一个"安逸"的老教师。

记得一次重阳节之际，我们策划了一系列的重阳敬老活动：发放倡议书，营造节日氛围；组织教学活动，排练文艺节目，开展亲子互动；征集慰问小礼品，走进敬老院慰问；等等。

这个以大班年龄段为主、中小班辅助参与的传统活动，内容丰富，安排井然，组织有序。但一年又一年，除了在细节、形式上翻陈出新外，每年的内容似乎没有多大变动。

此时，一个来电却意外地深深触动了我，让我不禁重新审视我以往的工作。

那天，打来电话的是萱萱妈妈，她问："王老师，敬老院里有几个老人？"

这问题可一下把我给问住了。

几个老人？做了那么多年老师，开展了那么多次重阳活动，我从来都没想过这个问题，也从来没有人问过我这个问题。

"这……我一下子也说不上来。"当时我就觉得很羞愧。

"那麻烦你帮我去问一下好吗？我现在在超市，想和女儿一起帮每位老人购置一份生活用品。"

由于已是晚上，我表现地并不积极，就跟萱萱妈妈说："萱萱妈妈，其实心意到了就行，没必要都给每个人准备一份。"

"这不太好，都说老人是'老小孩'，要是因为这么点东西让他们不开心就不好了。反正也花不了多少钱，难得有机会让我们小辈尽尽心意。要不你问一下园长，园长肯定知道的。"

萱萱妈妈的坚持令我感动。我仔细想了想谁能回答这个问题，然后给同事打电话反映了这个事。同事了解到情况后非常重视，辗转联系到了敬老院的负责人，得到确切的人数后及时予以了回复。

这次的活动比以往更有意义，活动的顺利结束，在给我们画上圆满句号的同时，也留给我们一个大大的感叹号和一连串的省略号。

我们并没有深入到敬老院中去了解每一位老人的喜好，甚至连老人有多少人都不能确定，这是我们的失职。真的要感谢萱萱妈妈的细致、执着，给我们上了一课。

教条式的方案、循环式的重复，让我把许多事情简单视之、草率待之，忽略了过程的体验，使之流于形式。

我想竭尽所能地把最合适的、最有价值的、最为之需要的东西，给予我们的幼儿和家长，但要很好地落实却是一门很深的学问。

换位思考，知易行难。在此后的工作中，我曾无数次在心底感激萱萱妈妈当初的坚持，它给了我一个重要的警醒：在做任何事情之前，一定要事先切身调研。没有实践，就是空想。

唯愿在这平凡和朴实中，和我的伙伴们一起坚守一起前行，用教师的职业道德坚守，诠释一名普通幼儿教师存在的价值。

(浙江省绍兴市柯桥区华舍中心幼儿园　王鑫美)

幼儿安全无小事

安全教育是幼儿园管理的重中之重,它涉及日常工作的方方面面,包括两教一保、保健、安保等等。以往给幼儿开展安全教育,通常都是班级提交一份学期安全教育计划,自行找一些适合幼儿年龄段的安全教案来实施。但实际上,每学期的安全教育,仅靠交一份安全教育计划就足够了吗?安全教育开展的效果如何,仅靠此是难以考量的。

明确岗位分工,层层落实职责

本人从事幼教工作十多年,从当初分管教学到分管后勤,再到如今负责整个幼儿园的管理。作为幼儿园后勤安全工作的负责人,多年的工作经验让我切实地体会到,"人"是幼儿园管理中最不确定的因素,幼儿园安全管理的关键也是对人的管理。

因此,在我看来,针对安全教育管理,幼儿园应成立安全工作领导小组,以主要领导为组长,其他成员分工负责。

园长是安全教育的第一责任人，全面负责幼儿园安全教育，认真执行安全教育的规定，做好安全教育的部署。分管后勤安全的主任，具体负责幼儿园安全教育工作。教研组长负责建立教研日常安全管理制度，年级领导负责建立本年级安全工作的各项规章制度，班主任负责班级安全教育和教室设施设备安全，保育员配合教师共同负责幼儿园一日活动中的安全，保健医生负责卫生保健和疾病预防，等等。

就这样，各级人员层层签订安全责任书及安全协议，从根本上明确每位管理者及教职工的责任，从最初的思想和意识上帮助教职工建立安全意识，明确安全教育的重要性。

岗位安全责任书落实后，应尽快制定出各类安全工作制度及流程，使安全教育有序进行。如：幼儿园预防拥挤踩踏的日常安全教育流程，大型活动安全教育工作流程，体育活动伤害的安全教育工作流程，食品卫生与安全工作流程，消防安全应急预案，突发恶性天气应急预案，食品中毒应急预案等。

除了制定制度与应急预案，也要注重安全教育训练常态化。如：幼儿伤害事故应急处置演习，幼儿食物中毒应急处置演习，幼儿交通事故应急演习，幼儿溺水事故应急演习，防暴演习等。

如果能做到以上几点，幼儿园安全教育管理工作就会井然有序。

加强学习提升，用好教育平台

"生命不停，学习不止"是我的座右铭。不管是当初作为保健管理员、食堂管理员还是安保管理员，在管理别人的同时，我也不忘学习相关知识。由此从最初没有管理经验的死记硬背，到现在能独当一面地应对后勤安全管理，这一切的成长，都离不开"不止的学习"。

现在我们经常主动参加一些管理培训，继续提升自己。同时也会重点关注权威、实用的安全教育平台，观看学习上面的课程，然后把这些课程推荐给老师和家长。为了了解学习效果，我还做了问卷调查，老师们反响强烈。为此还借助家长半日开放时间，各班老师在会上和家长们一起讨论安全教育的经验与建议。

注重日常活动，细节渗透教育

当然，安全教育工作的开展及管理，不仅仅局限于用好安全教育平台这一项。安全教育月和消防安全月，各类针对教职工、幼儿的演习，还有幼儿安全知识PK、安全海报等，都是渗透在每学期的安全教育工作中的有效形式。

例如：每年11月份是消防月，一个月的消防活动安排得满满当当。一方面，我们要联系消防队，请消防员对全园教职工进行消防知识宣传及消防设施设备的使用指导，月底要对所学知识进行实操考试和笔试，并将成绩公布在我们的消防展板上，这样不断的督促让老师对消防安全知识不仅仅是记在脑子里，更能付诸实际操作，一有消防隐患，能立刻采取相应的措施。另一方面，组织和带领大班幼儿参观消防队，学习消防安全知识；中小班幼儿进行消防安全标志的学习，并能说出消防电话及认识灭火器、消防栓等。

再比如：幼儿园日常安全教育和防范措施。入园不能忽视晨检，坚持"一观看、二提问、三触摸、四检查"。生活活动时，注意提醒幼儿喝水和小便的安全教育，制定课堂规则，制作饮水标志，加强厕所检查的安全事项。用餐时，一是要避免食物过热、刺痛、不卫生带来的危险；二是要避免餐具划伤、刺伤带来的伤害；三要避免不合理的要求造成的伤害（尤其不要催促幼儿快点吃饭）；等等。

安全教育无处不在，幼儿园的日常活动中多处涉及安全教育，安全教育的重要性应放在首位。教师应提高安全意识，为幼儿创造一个安全和谐的学习生活环境，让他们能够安全健康地成长。

（江苏省苏州市吴江区英仑伟才幼儿园 李永利）

六块板的"七巧板"

从教六年,见过很多形形色色的幼儿,很多工作也已得心应手,多年的工作经验让我习惯性地对幼儿的行为进行主观臆断。但一个我一直认为很"捣蛋"的幼儿,却改变了我固有的思维认知。

室内区域活动开始了,小朋友们都选择自己喜欢的区域进行玩耍。今天我们班的另一位老师单独摆了一张桌子,上面放了几副七巧板,花花绿绿的七巧板很快吸引了好几个小朋友去玩,他们在叽叽喳喳地讨论这个新玩具是什么。

拼好一副七巧板对于小班的幼儿来说显然是有难度的,我在一组小朋友边上停下,静静地观察。看着他们的小脸从刚开始时的无比兴奋慢慢地都皱成了"小包子",手上的动作也明显慢了下来。

很快,有两个小朋友不耐烦地放下了手里的七巧板往别的区角去了,剩下的几个小朋友也开始兴味索然,无所事事地摆弄着手里的七巧板，只有梓梓还在坚持探索。

看到这，我心里就犯嘀咕：今天的观察记录又没有内容可以写了。因为在我的眼里，梓梓是个很毛躁的幼儿，遇事莽撞，还是个小"战争分子"。我正想要再去看看其他区域幼儿的表现时，却发现梓梓好像并没有要放弃的样子。

只见梓梓皱着眉头，手里的动作停停摆摆，慢慢地换着这些小板板的位置，时不时地还把木头框转一个方向。他找了一块大的三角形，放到了最角上，又把另一块大的三角形对在了另一个角上，然后看着占满了一半的七巧板嘴角咧了咧，眉头也开始舒展开来。

梓梓开始加快手上的动作，不一会儿另外三个小的三角形也被他摆成了一个大的三角形，并且摆在了木框里。但是摆完以后，我发现梓梓的小眉头又皱了起来，只听他自己嘟囔着："没有一样的了。"

他看看自己还没有完成的七巧板，再看看剩下的两块小板板，两条眉毛皱成了两条"小毛毛虫"。他抬头看看别的小朋友，忽然眼神一亮，对旁边的鸣鸣说："你能把这个小板板借给我吗？"

鸣鸣同意了。

梓梓拿来一块大的三角形，摆在了自己空缺的地方，正好把小木框给填满，他露出了笑脸，而且抬着小脸一直对着我笑。

我蹲在梓梓身边，看着梓梓用六块板完成了"七巧板拼图"，不由心生感慨，幼儿的思维是跳脱的、活跃的，谁又能说这块六块板的"七巧板"不对呢？

"梓梓，你真聪明，老师摆这个七巧板的时候用了七块板才把这个框填满，梓梓才用了六块。"

梓梓高兴得小眼睛眨巴眨巴地看着我，开心又羞怯。

梓梓的表现，让我有些羞愧。

在平时的工作中，对幼儿的评价我妄自添加了太多的臆断和主观猜想，也没有真的"蹲下身子"走进幼儿的世界，在无形中给幼儿扣上很多不该有的"标签"，这值得我深刻反思。

在平时的教育工作中，教师应关注幼儿的感受，保护其自尊心、增强其自信心，支持幼儿按自己的想法做事。七巧板虽由七块板组成，但是谁又能说非得用七块板去完成呢？梓梓在用自己的思维搞创作，打破条条框框的束缚。

这些入园的幼儿，给了我很多的惊喜，从刚开始的哭闹不止，到现在能静下心来拼摆七巧板，这质的飞跃见证了他们的成长进步。

通过这件事使我明白，教师不应该对幼儿分"三六九等"，他们也许调皮，也许乖巧，但每个人身上都有自己的闪光点。教师应蹲下身子真正走进幼儿的世界，摒弃心中的主观臆断，陪幼儿成长，这对教师自己也是一种成长。

工作六年了，本以为自己带过很多幼儿，经验丰富，但直到现在才懂得只有真正蹲下身子，才能真正做到感同身受，才能理解幼儿。此刻起，我要抱着重新学习的心态，积极学习专业知识，提高专业技能，真正做到尊重幼儿、爱护幼儿。

（山东省东营市河口区义和镇中心幼儿园　崔文静）

追随幼儿，启发幼儿

不知不觉已从事幼教工作六年，多年的工作经验，让我对幼儿游戏活动深有感触：教师如果一味地去充当幼儿游戏的创设者、设计者、指导者，其实在无形中也剥夺了幼儿游戏的自主性。

想要幼儿的游戏持续、长久，教师应该思考如何培养幼儿游戏的兴趣，有策略地引导幼儿进行分析与反思，引导幼儿从"做"到"思"，推动幼儿实现"从行动到思维"。

大自然能让幼儿感觉到自己是自由的、放松的。在户外游戏时，经常发现一些幼儿不玩滑滑梯，而是弯腰在草地上寻找各种各样的虫子，游戏结束后，把虫子带到教室里跟同伴分享收获。

有一次，峰峰捉了一些西瓜虫回到教室，幼儿们看到后围着他，观察着他捉到的虫子，久久不愿离开，纷纷发出惊叹声："哇，好多西瓜虫啊。"一边看一边说："能不能给我一只啊？""你看，一碰它，它就缩成了一个球。"

渐渐地，幼儿们开始自发性地在户外游戏时观察地上、草地里的虫子。但这就跟我组织的活动产生冲突，好多次因为大家的捉虫行动，导致我用心投放的器械没有被开发、探索和运用。

通过向前辈请教而得到启发：我们应接纳、多方面支持和鼓励幼儿的探索行为，而不是根据我们的要求去如何做。

于是，我们决定在每周的游戏日将草地作为探索的内容。我们对游戏材料和玩法不再做任何设计，全由幼儿们自己决定玩什么、怎么玩。

在众多草地游戏中，捉虫游戏是幼儿们最喜欢的游戏内容。

树叶上、草地上、角落里，每个地方都成为幼儿的寻找地点。幼儿们兴趣浓浓，找到虫子之后，赶紧把它放在自己的观察盒里，还时不时地数一数一共找到了几只虫。现场不断传来幼儿捉到虫子后的尖叫声、嬉笑声。

通过几次探索，幼儿们发现，草地上并不只有西瓜虫，还有很多没见过的，或是见过却不认识的虫子。

幼儿们对大自然的好奇是如此强烈，观察和探索是如此执着。大自然就是他们的课堂。

对于幼儿们捉到的虫子，我们查阅相关资料，告诉幼儿虫子正确的名称，及其生活习性、特点等，让幼儿对虫子有初步的了解。另外，我们也有意识地在自然角开设有关虫子的主题内容，让幼儿去观察、去发现，把自己了解到的情况通过图示、语言表达出来，激发幼儿的学习兴趣，提高幼儿的学习能力，让幼儿们在游戏中感受自我实现得到满足的愉悦。

大自然中充满了很多未知的因素，包含着许多值得探究的问题，这些都能为幼儿提供更多自主探究、运用经验、思考和创造的空间，引导幼儿深度学习。

天气渐渐转冷，草地上的西瓜虫少了很多。

这次游戏，清清叫来了正在给大树浇水的昊昊："你能不能帮我在这里浇点水？"

昊昊拿着水壶说："你那里没有树，又没有草，为什么要浇水啊？"

"虫子都去冬眠了，我抓不到，水可以把虫子引来的，而且泥土软一点，我还能挖泥土里的虫子。"清清解释。

昊昊浇了水以后，清清找了一块石头，开始用力地砸泥土。

砸了一会儿后，清清左右张望，问旁边的慕慕："你说其他小朋友都捉到虫子了吗？虫子怎么还没出现。"

慕慕说："虫子的家可能很深，我们再砸肯定会出现的。"

又砸了一会儿后，他们换了个地方继续找虫子。直到游戏结束，一只虫子也没捉到。

接下来的几次游戏，他们都没捉到虫子，直呼："虫子一定是去冬眠了。"

在找不到虫子后，幼儿能调整策略，用一些树枝、石块拨弄泥土的表面。从用手到用树枝使劲地挖，这是一个很有意义的变化，说明幼儿们对任务与工具之间的关系，有了进一步的认知。

幼儿发现问题时，能自己去寻找答案，这让我感到十分欣慰，我觉得幼儿的很多认知和学习就是在这种体验中完成的。

幼儿们不只是使用了工具，而且对力的作用点与刨土量以及动作的有效性之间的关系不断进行尝试性建构和模糊思考，这就使动作的目的性和计划性更加具体，也表明他们对工具的使用与效率有了初步的认识。

幼儿在动手操作的过程中解决问题，不断尝试，会建构、体会和思考许多关系，有时能找到解决问题的方法，这正是幼儿在成长过程中积累经验的一个过程。

在幼儿们的游戏情境中，任何要素都能激发他们的想象，因此可以把已有经验与所拥有的物品相关联，引导他们积极主动地参与到探究和学习中。

为了让幼儿们保持捉虫的兴趣，我思考接下来我可以做什么。

这时，园长帮了大忙。园长送来了几捆稻草，使幼儿们的游戏有了转机。

稻草被放在亭子下面，班里的"抓虫大王"峰峰去那里捉虫，收获满满。

起初幼儿们没想明白，大家捉不到虫子，怎么峰峰却可以。于是便学峰峰爬到亭子下面，在装稻草的袋子下找到了很多西瓜虫。

"咦？袋子下面为什么会有虫子呢？"经过讨论，幼儿们知道了虫子原来还喜欢待在温暖的地方。

幼儿们索性拿了一部分稻草铺在了亭子下面，这次以后，亭子下面总是有很多西瓜虫在"等着"他们。

幼儿们还发现，在角落里、树上、草地里、阴暗潮湿或温暖有遮蔽的地方都能找到虫子。

许许多多的问题和答案都来自幼儿们小小的脑袋，从"寻找虫子——无所获—靠自己观察抓到西瓜虫"，幼儿们通过探索让所有的疑问得到了满意的解答。他们是那样的认真、仔细、坚持。

幼儿们的捉虫行动，让我明白，我们要适时去收集幼儿出现的问题，并在他们渴望得到答案时做个有心人，帮助他们了解、获得、增进、发展。

幼儿是不断发展的个体，他们在一次次的游戏中，发现问题，共同商讨，从实施、调整，到再实施、再调整的发展过程中，不断提升自己。在这个过程中，我们始终作为一个支持者，呵护幼儿的兴趣点，给幼儿帮助，扩大幼儿的视野。

教师要善于抓住教育契机，让幼儿在学中玩、玩中学，给予幼儿更多的时间和空间进行表达、表现，让幼儿在兴趣中学习、在兴趣中探索，真正成为自我学习的小主人。

（江苏省无锡市新安中心幼儿园善德分园　许雯雯）